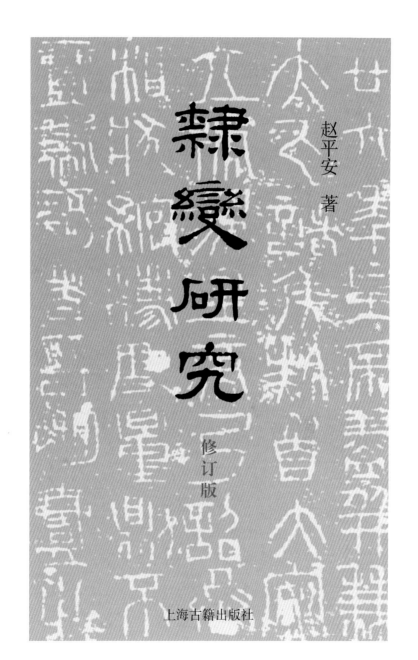

隸變研究

赵平安 著

修订版

上海古籍出版社

图书在版编目(CIP)数据

隶变研究 / 赵平安著. —修订本. —上海：上海
古籍出版社，2020.9（2025.7重印）
ISBN 978‐7‐5325‐9715‐4

Ⅰ.①隶… Ⅱ.①赵… Ⅲ.①汉字－隶书－研究
Ⅳ.①H123

中国版本图书馆 CIP 数据核字(2020)第 145309 号

隶变研究(修订版)

赵平安　著

上海古籍出版社出版发行

（上海市闵行區號景路159弄1－5號A座5F　　郵政編碼 201101）

（1）网址：www.guji.com.cn
（2）E‐mail：guji1@guji.com.cn
（3）易文网网址：www.ewen.co

常州市金坛古籍印刷厂有限公司印刷

开本 890×1240　1/32　印张 8.5　插页 17　字数 176,000
2020 年 9 月第 1 版　2025 年 7 月第 5 次印刷
印数：6,751—7,850
ISBN 978‐7‐5325‐9715‐4

J·631　定价：68.00 元

如有质量问题,请与承印公司联系

青川木牍

陈伟主编：《秦简牍合集（贰）》，武汉大学出版社，2014年，第275、277页。

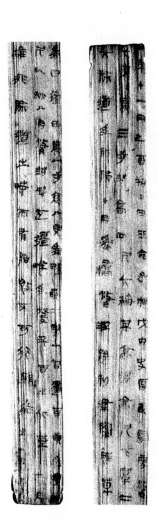

青川木牍（黑白）

睡虎地秦简·效律

睡虎地秦简・效律（黑白）

陈伟主编：《秦简牍合集（壹中）》，武汉大学出版社，2014年，第690页。

52　　51　　50　　49

睡虎地秦简·为吏之道

睡虎地秦简·为吏之道（黑白）

陈伟主编：《秦简牍合集（壹中）》，武汉大学出版社，2014年，第761页。

5　5　4　4　3　3　2　2　1　1

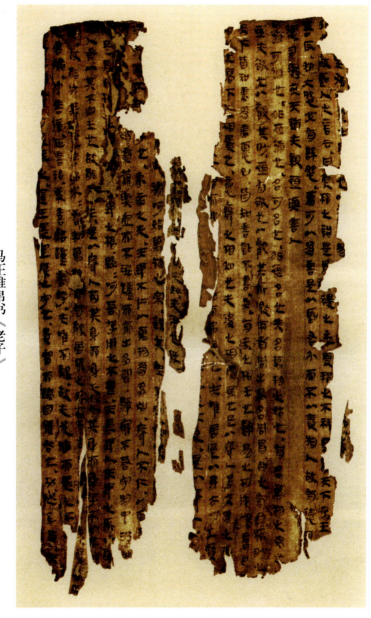

马王堆帛书《老子》

裘锡圭主编：《长沙马王堆汉墓简帛集成（壹）》，中华书局，2014年，第99、146页。

马王堆帛书 《老子》

武威汉简·王杖

武威汉简·王杖（局部）

居延新简·草书

张德芳、韩华：《居延新简集释（六）》，甘肃文化出版社，2016年，第10、11页。

在守府侍事不知所已又言任君曰不□　EPT65:34B

將軍仁恩憂勞百姓元□遺守千人迎水部掾三人　EPT65:35

應府記休田君識毋與爲治頷得令史三人居官　EPT65:36

憲等卒當以四月旦交代故事候長將當罷卒詣官　EPT65:37

蓬火不以時通唯　EPT65:38

甲渠鄣守候　詣府東門免冠叩頭死罪死罪過罪累仍　EPT65:39

捲力不能相使第廿三候長兒政兼部相去堠遠　　EPT65:40

家毋見穀當買車及牛乃及能自起田作掾命　　EPT65:41A

記□□□事事　　（習字）　　EPT65:41B

居延新简·草书

居延新简·新隶体

肖从礼：《居延新简集释（五）》，甘肃文化出版社，2016年，第5页。

戌甲渠令文張庾德錢二千贖不可得書到驗問審如猛言焉收責言謹驗問廣德
對曰適元康四年四月中廣德從西河虎猛都里趙武取穀錢千九百五十約至秋予

EPT59:8

官"屬"明
詔有驩欣嘉詳吉事實賜未尚不蒙恩也思德固可毋報哉臣子之職甯可廢耶

EPT59.9A

百姓良宋"

EPT59.9B

止北隧戌卒魏郡陰安左池里賈廣

十二月丙寅病寒熱廢瘑

EPT59.10

戌卒東郡臨邑武陽里文龡

六石具弩一銅鏡郭糸弦緯完ㄏ

稾矢五十

弩椎一完

蘭"冠各一完"

EPT59.11

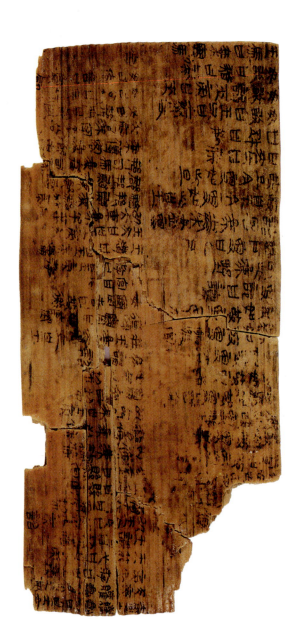

书同文木方

湖南省文物考古研究所编著：《里耶秦简（壹）》，文物出版社，2012年，第14页。

诅楚文（一）

王美盛：《诅楚文考略》，齐鲁书社，2011年，第17、23、29页。

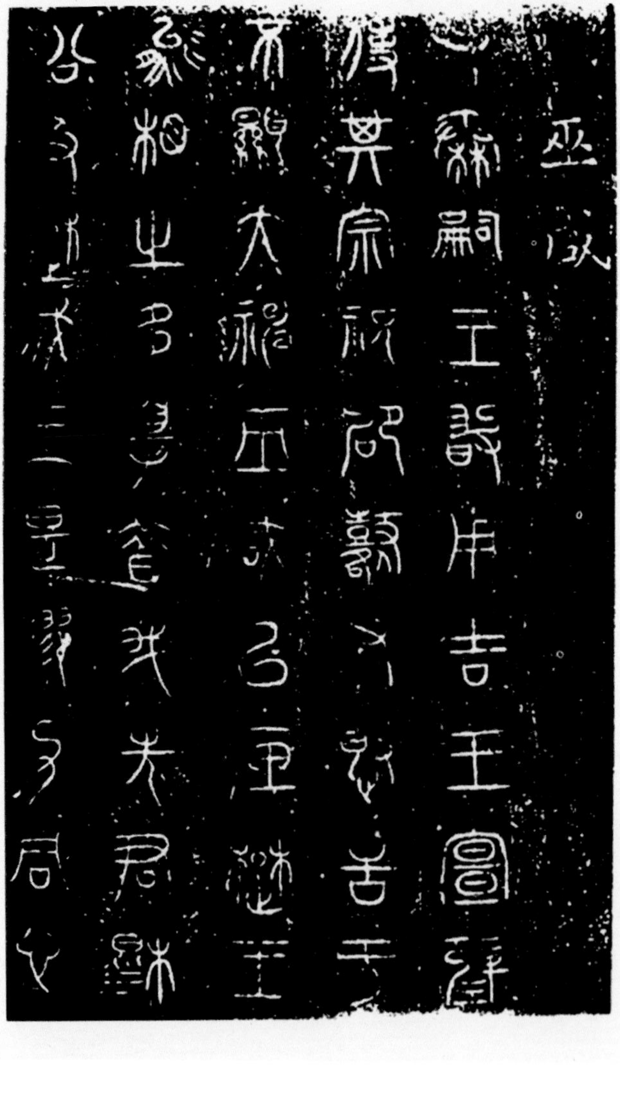

诅楚文（二）

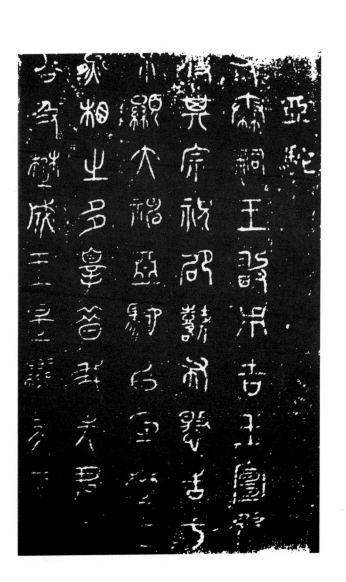

诅楚文（三）

泠贤玉印

许雄志主编：《秦代印风》，重庆出版社，2011年，第3页。

大良造鞅戟

新郪兵符

彩色：《故宮季刊》10卷1期圖版貳　黑白：《殷周金文集成》12108

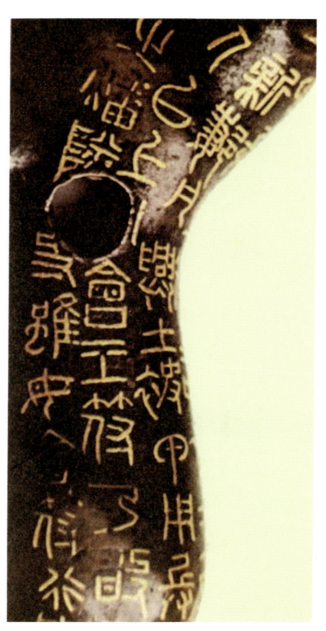

新郪兵符 （局部）

秦诏版

《甘肃日报》2016 年 5 月 31 日第 09 版

秦诏版（拓片）

礼器碑

《翰墨瑰宝·上海图书馆藏珍本碑帖丛刊第四辑》，上海古籍出版社，2019年，第6页。

序　　一

梁东汉

　　隶变是汉字发展史上的一个里程碑,标志着古汉字演变成现代汉字的起点。有隶变,才有今天的汉字,可见研究隶变不但对一个文字学者来说是非常重要的,对研究汉族文化的人也同样重要。只有了解隶变,才能真正认识汉字,特别是现代汉字;只有了解隶变的起因、经过、现象、规律和影响,才能够比较清楚地认识汉族文化以及它在隶变阶段中取得的种种成就。

　　前人研究隶变,寥寥无几,成就不大。赵平安先生全面研究隶变,把重点放在战国中期到汉武帝以前,目光锐敏,取得了可喜的成绩。他摒弃了用《说文》的小篆和汉碑隶或部分简书帛书的文字进行比较的陈旧方法,用丰富的出土材料诸如西周、秦、汉金文,秦至汉初的简帛文字,秦陶文,秦汉印文,秦汉石刻文字,秦货币文等来论证隶书产生在战国中期,还分析了隶变的外因、内因,阐述了隶变的现象和规律,多有发明,富于新意。无论在深度或广度方面都超过了前人,是这项研究的一次突破。

　　在"金钱意识"强烈的今天,赵平安先生能潜心于隶变研究,数年如一日，孜孜不倦，不愧是有志之士！平安先生富于春秋，根底深厚，才华横溢，继《隶变研究》之后，必将有更多的佳作问世。

1993 年 3 月

序　二

李学勤

　　赵平安博士所著《隶变研究》一书,是对古文字学研究的一项很有价值的贡献。这部书根据近年新发现的古文字文物,就汉字发展史上一个最具关键意义的阶段作了深入的分析探讨,值得向各位读者推荐。

　　书中讨论的历史阶段,是以秦代的"书同文"为中心的。大家知道,"书同文"一语源出于孔子。孔子之孙子思所作《中庸》引述孔子的话说:"今天下车同轨,书同文,行同伦,虽有其位,苟无其德,不敢作礼乐焉;虽有其德,苟无其位,亦不敢作礼乐焉。"这是把"书同文"看做统一的制度和文化的必要因素。可是在孔子的时代,周室久已衰微,在政治、文化上都走向分裂,"书同文"实际已是一种理想。

　　到了战国时期,分裂已成定局。如许慎《说文·叙》所云:"诸侯力政,不统于王,恶礼乐之害己,而皆去其典籍。分为七国,田畴异亩,车涂异轨,律令异法,衣冠异制,言语异声,文字异形",书不同文成为分裂的明显标志,统一的一大障碍。因此,秦始皇刚刚兼并六国,"丞相李斯乃奏同之,罢其不与秦文合者"。"书同文"是统一的需要,历史的必然。假设不是秦而是六国任何一个统一全国,也一定会采取类似的措施。

"书同文"是由秦朝的法律规定推行的,但文字的演变有其自身的历史。在战国时期,无论是在西方的秦,还是在东方的六国,文字都在逐渐起着变化。这种变化虽然因国而异,有其明显的地域特点,但总的看来又有其共同的发展趋向。秦朝"书同文"之所以能取得成功,影响及于后世,正是由于所制定的文字规范顺应了文字的共同趋向。

秦的"书同文"并不像有的人说的那样简单。《汉书·艺文志》和《说文·叙》都记载秦书八体,即大篆、小篆、刻符、虫书、摹印、署书、殳书和隶书。其间主要是小篆和隶书,隆重的场合用小篆,一般的情况用隶书。李斯的《仓颉篇》、赵高的《爰历篇》、胡母敬的《博学篇》,是文字的范本,皆系小篆。尽管如此,文字的变革究竟不是在秦朝短暂的年祚中能够完成的。"书同文"的事业在汉初继续进行,直至武帝时才可谓完成。这时,通行于汉代的隶体已经出现了,它与秦隶有相当大的差异。秦朝前后文字的具体演变过程,在过去几乎是没有办法研究的。关于战国文字的系统研究,在二十世纪五十年代始发其端。至于秦至汉初文字的研究,以前就更缺乏条件了。我在《古文字学初阶》小书里,曾提到多年前天津华学涑先生著《秦书三种》,识见虽卓,成果究竟有限,就是由于材料太少的缘故。秦代还有若干石刻金文,汉初材料更为贫乏,要想研究也无从着手。

哪里想到,七十年代以来,秦到汉初这一时期的文字材料大量发现。特别是当时的竹简帛书,属于手书墨迹,今天竟能目睹,是前人所梦想不到的。随着考古工作的普遍开展,有关文物层出不穷,日新月异,这为研究秦朝"书同文"前后文字的演变,提供了极好的条件。

赵平安博士把握这一机会,撰成本书,以"隶变"为中心观念,勾画出战国以至汉初文字的发展脉络,新义迭出。书中对"隶变"的性质和特点作了详密分析,对"隶变"的现象和规律进行概括说明。同时,探索了研究"隶变"的途径、方法,有裨于今后这一方面的研究。附录的几篇论文,各有所得,也便于读者寻绎。我相信,有兴趣于古文字学的朋友,都会欢迎《隶变研究》的出版;关心古代历史文化的读者,也能从这部书中获得不少启示。

一九九三年六月廿一日
于北京昌运宫

序　三

张振林

在汉字五千年的历史中,最主要的大概有三件大事。

第一是汉字的产生及"六书"与汉字构形法的创造。

先民想到要把话留下来,创造了文字,这无疑是人类从野蛮时代走向文明时代的最了不起的一跃。文字作为工具的重大意义,既可与物质生产的石器、陶器、铜器、铁器、机械、电子等为标志的时代意义相匹,又胜于这些时代嬗进的意义。由于文字的出现,才使物质生产技术,从简单到复杂,从低级到高级,从粗陋到精密,不断地得到开拓;同时文字的运用也使人类自身的智慧不断推向更高层次成为可能,其影响作用及于各个时代。所以,汉字的最初创造,对中华民族五千年文明史有着至关重要的意义。尽管已经久远不清,但人们一直不忘寻根,孜孜探求早期写话的方法和汉字的构形法。

"周礼八岁入小学,保氏教国子先以六书。"(《说文·叙》)后世学者或称六书为造字之法,或称六书为构形之法;有的学者则认为六书并非都是造字构形之法,因而有"四体二用"之说,又有

"六书为记词法"之说。在当代教科书中,因为多数立足于从构形法解释和评议六书,并据以分析《说文》中的篆字,故多数选择"四体二用"说;只有在把汉字当做记录汉语语词或词素的形式时,才把六书称为六种记词的方法。对六书聚讼二千年,学界归因于六书内涵欠详明。许慎《说文解字·叙》是第一次,也是唯一的对六书分别举例作了简要说明,因此学者有许慎离用古文字的时代已远,故难免解说和例字不精当之疑。我以为拘泥于从构形法去理解六书,争讼可能永无了期。因为产生《周礼》的时代,是使用古文字的时代,那时候说六书,也许就像现代人对自行车、汽车、火车、飞机一样,不需对名词作详细解释,老幼都能理解其特征和功用。将来有无可能出土详细解释六书的商周甲骨、铜器、竹简、帛书呢?看来不能寄予过多期望。

　　对六书,我认为还应从先秦"书"字的基本含义和当时教育的实际可能去理解。"书"字的最初意义为写,为著,是用笔书写记述的意思,其次才引申为"著于竹帛之谓书"。六书自然不是说六种书籍。汉字的产生,肇端于先民欲写话,将思想意愿记录下来,传之久远。六书,就是六种写话的方法。国子八岁入小学,保氏先教其六书,即师傅先教学童学会六种记言写话的方法,才好做课堂笔记,领会师傅的教诲。当然,教学六种写话方法的过程,认读基本用字也就包含在其中了。孔子杏坛讲学大概也是如此,才会有学生记录的《论语》。在使用古文字的商、周(含春秋战国)时代,这六种写话方法,八岁学童应是容易理解、运用的。特征明显的名物,用象形法记录;与名物有关的事,可加符号以指事;用两个以上的象形字结合,以会所象诸事物间相联系的含义;以一个象形字作意类符号，同另一个作读音符号的象形字结合，组成形声字，则可记录上述三种方法无法准确表达的语词。在写话记言时，没有现成本字或记不清要用的字时，可借用同音字；也可选用意义相同或相近的字加注读音（后来能被公认流传的即为形声字中的累增字），或在同音字上加注意类偏旁（后来能被公认流传的即为形声字中的孳乳字）。这就是假借法和转注法。学童掌握了上述六种写话的方法，师傅教诲自然可无遗漏地记写下来。待课后温习，学业有所长进，再将不恰当的记录削去，在竹简上改写上正确的字。所以，我认为《周礼》那句话的意思，就是师傅教学童首先要教六种写话的方法，而非教学童做仓颉，去用六种构形法造新字，也非教学童用四种方法造字，用两种方法活用同音字和记录同义词。后代学者研究古文字的构形法，可以说只有四种而非六种，但古代师傅教学童写话、记课堂笔记的方法，还是要六种才能够全面应付。事实上，当今低年级小学生写的日记或私人记事本中，也可以看到这六种方法的灵活运用，如在一些字中间夹杂着小孩自制的象形字、形声字，还有指示标记、别字等等，说明古代"保氏教国子先以六书"，利于学童写话记事，是符合教学实际的。往年在山区农村参加"四清"工作时，见半文盲的生产队长到公社开两天会，回村传达三小时，政策要点说得非常准确，其小笔记本也是用此六种方法记成的，只是我们不承认现代私人创造的象形字、指事字，将其自造的会意、形声、转注字判为生造，把假借字评为别字罢了。

第二件大事是隶变。

从五千年前的刻画、图画，演进到春秋战国，汉字一直是在刻画和图画的基础上繁衍、创造、加工;汉字发展的任务,主要是解决记言写话需要的数量,以及探索和完善表意表音的偏旁符号系统。在探索过程中,人们认识到,纯以形表意方法不能有区别地记录形体相近的事物,纯标音的方法则无法明确区分语言中的许多同音词,于是决定了汉字的发展,是以形意符号为基础加标音的形声字,作为基本走向。据我的粗略统计,从西周到西周末期形声字尚占有当时总字数的50%左右,到了春秋战国之际,有了大变化,春秋战国之际的文字资料中,形声字约占有总字数的75%~80%,稳定的意类符和音符系统已基本形成。因此汉字发展的客观任务和内在要求,便从发展数量和建立偏旁符号系统为主,转向以改进符号便于书写为主的阶段。春秋、战国两个历史时期,都是诸侯力政不统于王,存在着自由发展各自的经济文化的条件。但是从出土文物看,春秋时期各国的文字形体结构是基本相同的;到了战国时期,东西南北间的文字形体结构差异,才明显表露出来。这正是春秋战国之际,汉字才转向以改进符号便于书写为主阶段的明证。

文字是记录语言的符号。它与图画的最主要区别就在于每个形体单位与语音单位相应联系和形体的符号化。战国以后,汉字便在众人的书写应用中,不断改变图画式的线条结构,顺应右手握笔,从左到右,从上到下,有节奏地运笔的写字要求,经历战国、秦、西汉,最后形成以秦字为基础的由篆至隶的转变。到西汉中期,这种形体改造基本定形,即为分隶(又称汉隶)。其最显著特征就是破坏了隶变前的象形构形,无论独体象形字还是象形偏旁,都符号化了。隶变从本质上看只是构形线画的改良,但从目治观感上，却有象形与符号化的重大差别，造成汉武帝以后，先秦文献需要博学之士解诂，先秦文字出土，便只有少数专家才能识读的结果。而在汉武帝以后，用正规分隶书写的文献，直至今天，有文化的人也是基本能认读的。所以隶变是汉字史上极其重大的一次形体变化。然而，汉魏以来，受到战国秦汉文字资料不足的限制，人们对隶变认识不深，说不清篆书如何转变为隶书，也不知在转变的二百年间现实用字是如何衔接的。自二十世纪六七十年代，战国秦汉的竹简帛书大量出土，年代可辨，基本衔接，人们才明白从战国到汉代，汉字由篆到隶转变的大致脉络。于是，对隶变的研究成果，近二十年间远胜过去的二千年。

汉字史上的第三件大事，便是汉魏以后直到今天的汉字简化和近百年来的汉字拼音化试验。

简化是在汉字原有构形法的前提下的形体改良，意在省时易写，而拼音化则是构形法的改革。前者在二千年的群众写字实践中，在有意无意中，从无间断地进行着。后者则是近百年来由学者专家倡导、设计进行的试验。整套构形法的变革，牵涉到符号体系的建立与完善以及所碰到的理论和技术问题，也有拼音文字形式与汉语语言形式之间能否适应无碍的问题，还有原有汉字文献与文化习惯同新拼音文字与文化生活的实践衔接问题。因此，它绝不是单纯的语言文字学术的问题，而是牵涉到十几亿人所处的社会、历史、文化、语言、生活习惯和现实利益的全面性大问题，因而不是短时间凭部分人的意志或行政命令手段能实现的，需要相当长时间的探讨、试验，不宜过早过急地宣布有无拼音化的必要，更不宜过早过急地预言成败。

我想,汉字发展史中最主要的也就是上述三件大事。赵平安在中山大学攻读汉语文字学博士学位期间,选择了上述的第二件大事作为学习研究的主攻课题,非常刻苦用功,广泛收集先秦和两汉的各种文字资料,进行形体排比分析,又广泛地阅读了古今专家对隶变的研究论述,时有所获,撰写不辍。今其将博士学位论文增删修改,并附上近年所发表的与隶变有关的论文,集结成书,从中可以看出他对战国秦汉文字学习研究的轨迹和心得。他希望我写几句话,便写了上面那些曾经同他说过的一些话,盼望他能一如既往,对汉字发展史上的各个重要问题,逐个钻研,做出更多更好的成绩。

1993 年 4 月于中山大学

目　　录

一、隶变研究的简单回顾

（一）"隶变"一词的出现、使用及其含义

"隶变"一词，大约最早见于唐玄度的《九经字样》。玄度于唐太和（827～835）中考定石经字体，补充张参《五经文字》未收之字，于唐文宗开成二年（837）辑成此书。书中多次用到"隶变"一词，今全部移录如下：

保保 养也。从人，从子，从八。上《说文》，下隶变。

萛莫 日冥也。从日在茻中。茻音莽，茻亦声也。上《说文》，下经典相承隶变。

𢏏乖 怪平。戾也。从𠈌，从㡀。㡀，古文别字。上《说文》，下隶变。

秊年　上《说文》。从禾，从千声。下经典相承
　　　隶变。

敢敢　相取也。从受。受，上下相付也，持也。从
　　　古声。上《说文》，下隶变。

於　　本是乌鸟字。象形。古文作𣄚，篆文作𣄢，
　　　隶变作於。

冄冉　染平。毛冄冄也。象形。上《说文》，下
　　　隶变。

覃覃　音谭。上《说文》，下隶变。

要要　音腰。身中也。象人腰自𦥑之形。上《说
　　　文》，下隶变。

承承　上《说文》，下隶省。从卪，从手。卪，音节。
　　　又从𠬞，𠬞手也。凡奉、弄、戒、兵、共等字
　　　悉从𠬞，隶变不同，各从其便也。

外外　远也。从卜，从夕。卜尚平旦，今夕卜于
　　　事，外矣。上《说文》，下隶变。

　　以上各例中，"隶变"一词共出现十一次。九例用为名词，从
文意推知，应是指"经过隶变的字"。两例用为动词，即"於"后"隶
变作於"和"承"后"隶变不同，各从其便也"。动词"隶变"即"变成
隶书"的意思，指的是小篆变为隶书。综观《九经字样》中出现的
"隶变"字例，除"外"字条以外，其他都是讹变。

　　继《九经字样》之后,郭忠恕在所著《佩觽》里,又把"隶变"和"隶省""隶加""隶行"作为并列的概念提出,并用举例的方式进行解释。郭说:"衞夢之字是谓隶省(本作衞瀟),前甯之字是谓隶加(本作莃甯),詞朗之字是谓隶行(本作詈腴),寒無之字是谓隶变(本作 ⿰ ⿱)。"

　　显然,《佩觽》中的"隶变"是指小篆变隶过程中除开隶省(省掉一些形体)、隶加(增加一些形体)、隶行(调动原来字形的位置)之外的字形讹变现象。

　　徐铉在校注《说文解字》时,也运用了"隶变"一词。如:

　　　　🔣　下"今隶变作邲"

　　　　🔣　下"今隶变作丘"

　　　　🔣　下"今隶变作尾"

　　同时,还使用了"变隶":

　　　　🔣　下"今变隶作卝"

　　　　🔣　下"今变隶作大"

　　　　🔣　下"今变隶作于"

　　　　🔣　下"今经典变隶作門"

　　　　🔣　下"今变隶作旡"

"变隶"和"隶变"在这里是同一概念，都是指小篆变成隶书。归纳起来看，徐铉的"隶变"或"变隶"包括小篆变成隶书过程中的讹变、省变和一般的形变。

唐、郭、徐三家都是唐末、宋初著名的文字学家，他们对于"隶变"的理解既有共同点，又有差异性。差异集中表现在对隶变内容宽狭的界定上。

《辞源》和《中华大字典》都把隶变解释为"隶书变改篆法"。这可以说是近现代比较权威的解释了。但是，这个解释模糊得很，"篆法"究竟是什么东西，是很难说清楚的。

由此可见，在什么是隶变的问题上，历史上并不曾有过统一的、明晰的看法。

（二）隶变研究的简单评价

隶变发生很早，然而把它作为研究对象却是很晚以后的事。

第一篇研究隶变的论文是一九三三年杨振淑的《隶变考》[①]。它通过三百六十多个单字从小篆变为隶楷的具体描述，来说明隶变中汉字形体的变化。文章纯属罗列举证性质，并不曾作系统的理论探讨。李凤鼎还专门为此文写了一篇序言[②]，以自己的切身体会，阐述了弄清隶变的重要性。

---

① 杨振淑《隶变考》，《女师学院期刊》1 卷 2 期，1933 年 7 月。
② 李凤鼎《隶变考叙》，与《隶变考》合刊，同上。

　　过了两年,杜镇球撰《篆书各字隶合为一字篆书一字隶分为数字举例》①,用具体的实例,证明隶变过程中"隶合""隶分"的存在和它的一些特点。

　　以上两文发表以后,并没有马上引起人们继续探讨它的兴趣。经过数十年的沉寂,一直到五十年代末,蒋善国先生才在他的《汉字形体学》②里,继续讨论隶变问题。他以一节的篇幅,通过小篆和汉碑隶(八分)字形的比较,归纳出一些隶变条例,还阐述了隶变对汉字的影响。

　　紧接着,蒋维崧先生在《由隶变问题谈到汉字研究的途径和方法》③一文中,着重说明了隶变发生的原因。他不同意说隶变的发生只是简化引起的,认为隶变是形声字的增多和简化两个趋向共同作用的结果。

　　裘锡圭先生曾撰《从马王堆一号汉墓"遣册"谈关于古隶的一些问题》④,指出:"隶书是在战国时代秦国文字的简率写法的基础上形成的。"这一见解给隶变研究以诸多启迪,成为新时期隶变研究的良好开端。

　　吴白匋先生的《从出土秦简帛书看秦汉早期隶书》⑤,分析了小篆隶变的一些方法。

　　姜宝昌先生的《文字学教程》⑥以一章的篇幅来研究隶变,把

---

①　杜镇球《篆书各字隶合为一字篆书一字隶分为数字举例》,《考古学社社刊》第 2 期,1935 年。

②　蒋善国《汉字形体学》,文字改革出版社 1959 年 9 月第 1 版。

③　蒋维崧《由隶变问题谈到汉字研究的途径和方法》,《山东大学学报》1963 年第 3 期。

④　裘锡圭《从马王堆一号汉墓"遣册"谈关于古隶的一些问题》,《考古》1974 年第 1 期。

⑤　吴白匋《从出土秦简帛书看秦汉早期隶书》,《文物》1978 年第 2 期。

⑥　姜宝昌《文字学教程》,山东教育出版社 1987 年 9 月第 1 版。

小篆同汉碑和部分简帛文字比较,以大量的例子说明了隶分隶合的现象,并从"表现在结构方面的变化""表现在笔画方面的变化""表现在部件位置方面的变化"三方面探讨了隶变的某些规律。

陆锡兴先生在《论汉代草书》①一文的第四部分从草书的角度来研究隶变。他认为"隶变比较突出地反映在秦汉时期,而这段时期正是汉代草书的成熟时期,因此要弄清隶变,一定要研究草书作用"。基于这一认识,文章从笔画形态和笔顺、文字结构等方面简明扼要地阐述了草书对于隶变的重要作用。

以上各家的研究所使用的材料、所触及的面各有不同,都或多或少地推动了隶变的研究。尤其是蒋善国、裘锡圭、姜宝昌、陆锡兴先生,为我们今天的研究提供了较多的借鉴。

但是应该指出,在过去的隶变研究中,无论是对隶变名实的理解,还是研究隶变的方法,都存在着一些明显的缺陷。这直接影响了隶变研究的广度和深度。

---

① 陆锡兴《论汉代草书》,载《汉代简牍草字编》,上海书画出版社,1989 年 12 月第 1 版。

二、对隶变和隶变阶段的基本看法

（一）对隶变名实的理解

我们认为，大约从战国中期开始，秦系文字的小篆（广义小篆，详下文）经由古隶到今隶的演变，就是隶变。

1. 隶变始于秦文字

说隶变始于秦文字，是从今隶上溯得出的结论。

自商鞅变法以后，秦国国力越发强盛。在对他国诸侯的兼并战争中，往往每得一地，就在那里推行秦的政治、经济和文化。包括建立郡县制、推行秦的法律和度量衡的标准等。与此同时，他们还强制性地推行秦文字。譬如，四川省青川县出土的秦木牍[①]，

---

①　四川省博物馆、青川县文化馆《青川县出土秦更修田律木牍——四川青川县战国墓发掘简报》，《文物》1982 年第 1 期。

就是公元前 316 年秦灭巴蜀后，在那里推行秦田律和文字的有力证明。青川木牍使用的文字和战国晚期秦国本土使用的文字是一致的①。在此之前，此地流行的是地地道道的巴蜀文字②。又如湖北云梦睡虎地秦简，某些内容写于战国末年，是秦统一该地区后，用秦系文字书写秦律，并在此推广的历史见证。云梦本属楚国，而秦简上的文字与战国晚期楚国的通用文字（如鄂君启节）却大相径庭。这些都说明，所谓"书同文"的工作，随着秦对他国诸侯的兼并已经在逐步进行了。

由于秦国在兼并他国诸侯的同时推行秦文，使得原来通用的他国古文在固有本地上渐渐失去合法地位。到秦统一中国时，整个统一国家的通用文字便是秦文。

这样，与后世今隶接续的，理所当然地成了秦国文字。

长期以来，文字学界的大多数人认为：隶书是六国文字发展的共同倾向。唐兰先生说："六国文字，地方色彩更浓了，以致当时有同一文字的理想。但除了图案化文字外，一般有一个共同的趋势，那就是简化。用刀刻的，笔画容易草率，用漆书的，肥瘦也受拘束，就渐渐开隶书的端绪了。"③又说："六国文字的日渐草率，正是隶书的先导。"④郭沫若先生考察了楚帛书后指出："字体虽是篆书，但和青铜器上的铭文字体有别。体式简略，形态扁平，接近

---

① 甘肃省文物考古研究所、天水市北道区文化馆《甘肃天水放马滩战国秦汉墓群的发掘》，《文物》1989 年第 2 期；何双全《天水放马滩秦简综述》，《文物》1989 年第 2 期。
② 童恩正、龚廷方《从四川两件铜戈上的铭文看秦灭巴蜀后统一文字的进步措施》，《文物》1976 年第 7 期。
③ 唐兰《中国文字学》152 页，上海古籍出版社，1979 年 9 月第 1 版。
④ 唐兰《中国文字学》165 页。

于后代的隶书。"①饶宗颐先生在《楚帛书之书法艺术》②中也持类似的看法。很明显,如果认为"隶书是六国文字发展的共同倾向",就意味着隶变不只是始于秦文。因此,有必要对"隶书是六国文字发展的共同倾向"的观点进行分析和研究。我们认为,这一观点是根本站不住的。症结在于,持论者立论的前提是把隶书和六国文字进行比照,而这两种文字又没有直接的渊源关系。根据两种没有直接渊源关系的文字的某些相似点,就断言其中的一种必然向另一种演变,这种做法是极其草率的。

可以肯定,六国如果不被秦国统一,六国文字也必然演变为各自的新体,但即使演变为新体,也不可能等同于隶书。

2. 隶变始于战国中期

说隶变始于战国中期,是根据目前所见的文字材料所得出的结论。

秦国文字是在西周晚期文字的基础上发展起来的。秦国最早的青铜器不其簋③,属西周晚期,其字体风格与其他西周晚期器完全一样,这表明秦国文字到西周末年还没有形成自己的风格。秦文风格的形成是在春秋早期。该时期的秦子戈、矛④和秦公及王姬钟、镈⑤,其铭文无论结构还是体态都具有明显的地方特色。

---

① 郭沫若《古代文字之辩证的发展》,《考古》1972 年第 3 期。
② 饶宗颐《楚帛书之书法艺术》,载《楚帛书》,中华书局香港分局,1985 年 9 月第 1 版。
③ 李学勤《秦国文物的新认识》,《文物》1980 年第 9 期。
④ 陈平《秦子戈、矛考》,《考古与文物》1986 年第 2 期。
⑤ 孙常叙《秦公及王姬钟、镈铭文考释》,《吉林师大学报》1978 年第 4 期。

这种特色延续了整个春秋时期,春秋中期晚段的秦公簋、镈,春秋战国之交的石鼓文都是如此。

春秋到战国初的秦文,它的用笔是所谓的"玉箸体",线条细长,字体均圆,极少连笔和减笔,规范化程度很高。这种字体就是所谓的大篆。

战国早期的秦文材料出土很少,难以反映该时期的实际。但从有限的文字资料推测,仍应属于大篆一路。那么,大篆的下限可以划到战国早期。大约从战国中期开始,秦文资料渐多。在这些材料中,某些字或偏旁的写法已经开始变化,大篆已经出现了解体的迹象。这些解体的字中包含着所谓的古隶。如:

八   （十六年大良造庶长鞅之造雍矛,秦孝公十六年）

食   （四年相邦樛斿戈、惠文王前元四年）

羊   （義字偏旁、十三年相邦义戈、惠文王前元十三年）

双   （王五年上郡守疾戈、惠文王后元五年）

相   （王五年上郡守疾戈、惠文王后元五年）

王   （王六年上郡守疾戈、惠文王后元五年）

嗇   （王十年上郡守中[?]戈、惠文王后元十年）

才   （守字偏旁、王十年上郡守中[?]戈、惠文王后元十年）

朩　（桑字偏旁、瓦书、惠文王时期）

仈　（庶字偏旁、瓦书、惠文王时期）

廣　（青川木牍，秦武王二年）

津　（青川木牍，秦武王二年）

欠　（青川木牍，秦武王二年）

羊　（鲜字偏旁，青川木牍，秦武王二年）

乚　（隄字偏旁，青川木牍，秦武王二年）

余　（除字偏旁，青川木牍，秦武王二年）

月　（有字偏旁，青川木牍，秦武王二年）

　　以上材料有些是刻划的，有些是书写的，都属于战国中期，它表明，在惠文王、秦武王时期，秦国文字中已经出现了比较明显的隶变倾向。这种趋向到了战国晚期的昭襄王、秦王政时期愈演愈烈，成为一种普遍的现象。

　　七十年代初期，裘锡圭先生就已指出：“隶书是在战国时代秦国文字的简率写法的基础上形成的。”[①]这一观点较之传统的看法取得了新的突破。但由于当时材料的限制，作者仍把秦始皇时代及其以前秦国文字的简率写法看做“草率的小篆”，“接近隶书的写法”，而没有直接把它看做隶书。本书与裘先生的看法有所不同，一是把战国时期秦国文字的某些简率写法直接看做古隶，二

———————

① 裘锡圭《从马王堆一号汉墓“遣册”谈关于古隶的一些问题》，《考古》1974 年第 1 期。

是把隶书的产生时间明确卡在战国中期。

3. 隶变是小篆到隶书的演变

大篆是春秋早期到战国早期秦系的通用文字,它是就一个阶段的文字而言。小篆是就一种字体特征而言。在大篆早期,其中有些字的写法就和小篆相同,以后小篆的成分不断增多,表明小篆在大篆的母体中孕育壮大。但这时的小篆还不是通用文字,只是大篆的组成部分。因为它是大篆的成分,可以称之为大篆;又因为它和后世小篆相同,也可以称之为小篆。

古隶在大篆的后期才开始出现,是大篆内部长期演变的结果。因为古隶产生时通用文字叫大篆,所以可以说古隶产生于大篆;因为古隶是在大篆中小篆的基础上产生的,也可以说产生于小篆。但从本质上讲,古隶是在小篆的基础上产生的。

因此,隶变是小篆到隶书的演变。

4. 隶变的下限在今隶

隶书包括古隶和今隶,隶变的下限当然应该在今隶。

陆锡兴先生新近撰文说:"一般认为,隶定是由篆而隶的过程,完成于汉。这种误会来自对隶的理解。隶是与篆相区别的概念,它不仅包括了汉代隶书——分隶,也包括了汉以后楷书——今隶。事实上,从秦到汉,只走完了隶变的一半路程,还有一半路程就是由分隶到楷书,即从汉末始,中经两晋南北朝动荡、变异、融合,直到唐代的楷体正字。"①言下之意,隶变应当包括楷变,隶变的下限应到楷书。

汉魏以后,隶楷的名实关系复杂,常常错综纠缠。因为这个原因,把隶变二字理解得宽泛一点,自有其道理,然而隶变和楷变虽然相承,却各有特点,不宜混为一谈。隶变是剧烈的,而楷变是平和的;隶变主要是破坏旧字体,形成新字体,而楷变主要是调整旧字体,建立新字体;隶变产生隶书,而楷变产生楷书。因此隶变和楷变应当分开研究。只有这样,研究才可能细致和深入。

(二) 隶变阶段汉字成分的复杂性

隶变阶段的通用汉字中夹杂着相当数量的古体字、俗省字和草书。可谓承上启下,异彩纷呈。

1. 与西周金文相同相近的古体字

隶变阶段通用汉字中的古体有些和传世的西周金文结构相同。如:

---

① 陆锡兴《唐代的文字规范和楷体正字的形成》,《语文建设》1992 年第 6 期。

宮（陶汇 5 · 31），与宔父丁簋、宰宔德父丁鼎、令簋、盂簋等结构相同。

十（甲 340、321），与十三年瘭壶、旅鼎才字结构相同。

匠（春 70），与禹鼎匠字结构同。

緄（陶埶印文），与虢季子组壶组字结构同。

粲（瓦书），与郤公鼎癸字结构同。

毛（老甲 183、195 等），与克鼎、番生簋、㝎钟㥔字结构同。

㝎（睡 6 · 179 · 26 等），与录伯簋尼字结构同。

也有些字与传世西周金文结构相近，看得出是由金文之类的写法演化而来的。如 簋（五 58）、壴（甲 430）、戦（五 237）、単（战 296）等。

隶变阶段与金文写法相同相近的古体字，使用时具有一定的系统性，表现为独立运用的单字和作偏旁时的写法是一致的。请看两组例子：

毛（见上引）：紽（睡 12 · 54）芚（睡 19 · 180）宓（五 319）

㝎（见上引）：郎（睡 3 · 60 · 2）昵（睡 2 · 11 · 36）

2. 与籀文形体相同相近的古体字

这里借以参照的籀文，都出自《说文》。《说文》籀文来源于《史籀篇》，属于早期的大篆。由于《说文》体例是"今叙篆文，合以古籀"，因此，《说文》所收籀文，实际上是大篆中与正规小篆相区别的部分，主要是大篆中的繁体，在演进序列上，一般排在小篆之前。

隶变阶段有些古体字与传世的籀文结构相同：

𤴙 （睡 32·133 等），与《说文》籀文瘫结构同。

𢎢 （睡 53·27），与《说文》籀文𥣥结构同。

𨒅 （睡 4·3），与《说文》籀文速结构同。

𠛱 （廿六年诏版），与《说文》则字籀文同。

𥷛 （马五 290），与《说文》籀文糟结构同。

𡎡 （孙子 175），与《说文》籀文𡎟结构同。

𢆻 （刘修碑），《说文》："𢆻，籀文中。"

𡼏 （张迁碑），《说文》："宇，籀文从禹。"

頟 （汉鲜于璜碑），《说文》："頟，籀文。"天津历史博物馆把颂释为额，误。今据高文《汉碑集释》[①]改正。

———————————

① 高文《汉碑集释》，河南大学出版社，1985 年。

　　也有些古体字与籀文结构相近,是籀文经过演变而来的。如 ⻆作⺬(唐公房碑)、區作匾(校官碑)、鷹作鹰(张表碑)、䍦作蓠(华山亭碑),都有所省改。又如遅作遟(费凤碑)、鼪作鼪(斥彰长田君断碑)等,都有所增繁。

　　隶变阶段不仅直接使用与籀文相同的古体字,或改变籀文形体而来的古体字,同时还利用具有特色的籀文偏旁,根据类推原则,创制新的古体字。

　　譬如,袁良碑的勋作勛。《说文》说:“员,籀文作鼎。”因勋从员,故将勋书作勛。又如袁良碑、国三老碑的测作灁。《说文》说:“籀文则从鼎。”因为则籀文作鼎,所以测从籀文写成灁。又校官碑的责作賨。责字小篆本从朿,《隶释》说:“籀文朿作朿。”碑从籀文。这种类推的做法,很可能是从概念出发的。因为这些用类推的方法创制的字,目前还无法从传世和出土古文献中得到证明。

　　隶变阶段与西周金文和籀文相同相近的古体字,主要是从前此的古文字阶段继承下来的,即旧质要素的孑遗。汉碑中某些与籀文相同相近的写法则不能排除汉代人用字复古的可能性。《史籀篇》传到光武帝刘秀建武年间尚存九篇,东汉许慎《说文解字》又收籀文二百二十三个,这些都是汉人用字复古的依据。

　　但不管这些古体字来源如何,它们都是作为秦系的古文字存在于隶变阶段的。它们的存在说明了古文字在汉字改革时代的顽固性,它们被简化和隶定,又说明了隶变的强大威力和席卷残云之势。

3. 与六国古文相同相近的古体字

隶变阶段与古文相同相近的古体数量相当大。如：

　　(睡 7·95·4 等)，与三体石经《君奭》丁字结构同。

　　(睡 6·164·41)，与中山王壶乏字结构同。

　　(睡 3·55·17 等)，与《汗简》参字结构同。

　　(睡 81·28·2)，与《说文》古文野结构同。

　　(睡 53·34 等)，与《说文》古文勇结构同。

　　(甲 26、春 33 等)，与子禾子釜、楚帛书其字结构同。

　　(五 105、养 39 等)，与江陵楚简卯字结构同。

　　(天 50 等)，与义楚觯、楚帛书祭字结构同。

　　(老甲 80、马春 65)，与《说文》懼字古文结构同。

　　(老甲 145)，与鄂君启节關字结构同。

　　(老甲 145)，与中山王壶策字结构同。

　　(马五 246、马养 66)，与《汗简》脑字古文同。

蠢　(老乙 190 下),与《说文》古文蠢结构同。

癸　(六十四卦 27,老乙 205 上、下),与《汗简》、中山王鼎古文结构同。

鎬　(佚明 430),与吴季子之子剑剑字结构同。

敺 敺　(银 437 论 7、银 1657 论 7),与《说文》古文驱字结构同。

箅　(汉印文字征 5·2),与《说文》古文篡字结构同。

眎　(汉印文字征补遗 8·6),与《说文》古文视字结构同。

弌　(代大夫人家壶),与《说文》古文一结构同。

弐　(光和斛),与《说文》古文二结构同。

弎　(光和斛二),与《说文》古文三结构同。

丄　(朱曼妻薛买地券),与《说文》古文上结构同。

丅　(朱曼妻薛买地券),与《说文》古文下结构同。

大　(駘荡宫壶),与《说文》古文泰结构同。

云　(清铜镜),与《说文》古文云结构同。

槃　(尚浴府行烛盘),与《说文》古文盘结构同。

天　（大吉丑器），与《说文》奇字无结构同。

屮　（汉鲜于璜碑），《说文》"屮"下曰："古文或以为艸字。"

𠬜　（平舆令薛君碑），《汉书·杨雄传》师古注："𠬜，古攀字。"

𠙦　（费凤别碑），《说文》曰："古文凤。"

乚　（无极山碑），《说文》："古文曲。"

旹　（无极山碑），《说文》："旹，古文时，从出日。"

珪　（桐柏庙碑、白石神君碑、曹全碑），《说文》："古文圭从玉。"《释文》："圭字又作珪。"

朙　（刘熊碑），《说文》："古文朙从日。"

眂　（张休涯涘铭），《说文》："眂，古文视。"

礼　（孔耽神祠碑），《说文》："礼，古文禮。"

箕　（小黄门谯敏碑），《说文》："箕，古文典从竹。"

智　（校官碑、度尚碑），《广韵》："智，古文智。"

逞　（校官碑），《说文》："𢓊，古文从辵。"

𩇕　（袁良碑），《说文》："𩇕，古文绝。"《汉书·路温舒传》："𩇕者不可复属。"师古注："𩇕，古绝字。"

崔　　(刘熊碑),《汗简》:"崔,古文鹤字。"

伇　　(无极山碑),《说文》:"古文役从人。"

　　上述古体字的结构,绝大多数与六国文字相同。

　　但也有些古体的结构发生了一些变化,如把𥳑(策之古文)写作𥱤(佚九350、乙241下、马养22等),把𦜝(脑之古文)写作𡆧(马五432、阜万017),把𩙿(风之古文)写作凬(绥民校尉熊君碑)等,简省了古文的一些笔画或偏旁。把𨓨(退字古文)写作𨓨(夏承碑),又在古文上加一横。

　　如果对与古文相同相近的古体字作进一步的分析,那它应当包括:统一后的六国人难改旧习而使用的古文(如马王堆汉墓帛书中的古文)、本土的秦人受六国人的影响而使用的古文(如秦本土内出土陶器上的古文[①])、以及汉人受古文经的影响而使用的古文(如汉碑古文)。这些古文虽然来源不尽相同,出现的时间有先有后,但它们都活跃于隶变阶段的通用文字当中。这表明六国文字确曾对隶变产生过影响,主要表现在两个方面:一是某些字经隶变直接成为隶书,如无、礼等;二是六国文字的简化方法对隶变起到借鉴和指导作用。

4. 俗省字

　　这里的俗省字是相对正体而言的。

---

①　参看袁仲一《秦代陶文》,三秦出版社,1987年5月第1版。

俗省字的数量相当多,我们根据俗省字与本字之间的不同关系,将其类次于后:

黏　作秥(睡秦 35)

野　作壄(银 633 晏 3)

(以上为省形)

麐　作麏(马战 318、319、326)

胸　作脑(马阴甲 69)

梅　作枚(凤 M_8 152、凤 M_{167} 69、71)

劖　作剗(马五 112、246、262,马养 108)

驕　作騗(老甲 107、153,佚行 195)

歠　作歓(马五 171、176、201,马养 12、15、16)

雌　作雖(马天 65)

糲　作糒(睡秦 41、181、183,凤 M_{167} 67)

海　作洘(佚九 355、佚明 420)

倍　作怀(佚法 40 上、67 下,佚十 95 上)

悔　作悐(银膑 294)

蜈　作蚩(马五 91、马养 78)

蘽　作藁(银 1934 阴 1)

菓　作苲(银 273 阴 4)

藻　作菓(阜诗 005)

蠩　作蝱(武医 50)

骝　作驰(凤 M$_{168}$)

（以上为省声）

背　作仳(银 540 论 13、银 545 论 13、银 648 论 13)

攻　作戉(佚十 128 上、马春 71)

叢　作菆(马阴甲 58、马阴乙 14)

敵　作倜(银 128 论 3、银 224 论 3)

傲　作慠(阜苍 003)

恥　作瑰(马战 34、205)

膝　作黎(银 374 其 3、睡治 56、81)

芩　作柃(马五 68)

瀟　作饕(马养 176)

鵩　作髐(马阴甲 36)

损　作敃(老甲 13、14、86、87)

炧　作𤈦(马阴甲 64)

鞮　作鞮(银守 840)

距　作歫(银兵 1111)

榹　作𢊁(凤 M_{167} 21、27、35、36)

喉　作睺(马五 390)

艘　作棴(凤 M_{8} 78、凤 M_{168} 10)

魂　作䰟(老乙 232)

茵　作絪(凤 M_{8} 37)

鼈　作鳖(马十 87，马杂 76)

戮　作殍(银 897 阴 8)

救　作栽(佚十 161 下)

鹊　作䧿(银 917 阴 4)

罌　作罂(凤 M_{167} 44)

嗟　作谍(马五 91、阜诗 018)

嘆　作㑴(银 3212 晏 12、银 4278 晏 12)

嚶　作谡(阜诗 139)

朽　作歹万(睡秦 165、睡效 22)

桼　作桼(凤 M_{167} 60)

虹　作雩(马占)

迷　作悉（老乙 194 下）

煮　作鬵（马五 451、马养 179）

穢　作薉（银 1881 阴 10）

络　作帹（苍颉篇 12）

體　作軆（张迁碑）

（以上为换形）

颜　作頿（老甲后 315）

鹤　作鶮（导引图）

拯　作撜（马六 51、90）

醯　作酨（佚十 105 上、下）

躬　作躳（马六 10、15、32、90）

货　作貤（老甲 112）

稚　作穉（银 1526 阴 5）

骤　作駷（佚明 425）

膿　作膿（马脉 75、76、77、78）

疏　作疋（凤 M$_{167}$ 10）

砭　作碞（马脉 75、76、77）

蚍　作蝡（老甲 36）

愨　　作愍（佚十 106 下）

蓛　　作薊（马五 290）

渍　　作渞（马五 241、银 905 其 4）

偪　　作怀（银 384 晏 7）

（以上为换声）

泉　　作潫（马六 30）

胃　　作腜（马阴乙 10）

匕　　作釞（马六 31）

龙　　作蚉（银 216 阴 10、银 1165 阴 1）

父　　作仪（老甲 134）

刃　　作釰（佚明 420）

莫　　作蓴（马六 57）

夭　　作殀（银尉 639）

秀　　作䅨（马五 166）

缶　　作垖（马六 69）

（以上为增形）

夕　　作猎（阜诗 079）

卵　　作鼒（睡秦 4）

（以上为增声）

梂　　作檑（凤 M₈93）

莘　　作蒔（银 2296 阴 4、银 4874 阴 4）

瘘　　作瘢（马足 8）

概　　作檟（阜苍 035）

缀　　作缙（马杂 64）

怵　　作怨（银 1590 其 2、银 1902 其 2）

秌　　作槑（睡秦 34）

茅　　作菜（佚明 423）

柔　　作梁（银 2529 阴 11）

涼　　作潒（马天 57）

汹　　作浣（马战 100）

弭　　作弹（银 1065 六 7）

簝　　作籭（凤 M₈168）

铅　　作镶（马五 345）

蔽　　作幣（佚九 353、佚 393）

衰　　作衺（马五 43、44）

镜　作镜（凤 M$_9$53、凤 M$_{168}$54）

臂　作臂（老甲 72）

悶　作悶（老乙 235 下）

繁　作縞（一号墓竹简 256）

塗　作塗（石门颂）

鑠　作鑠（鲜于璜碑）

輿　作輦（熹平石经·易·贲）

（以上为繁声）

眯　作粗（甲 147）

軡　作鉮（甲 412）

観　作矔（天 48、胎 5 等）

腔　作宵（睡 7·56·22）

褚　作裒（甲 445）

嘅　作嚞（合 117·17）

齡　作羘（睡 52·6）

绁　作絜（睡 14·75）

瞋　作䚡（睡 8·11）

膠　作胥（睡 17·126）

领　　作聆（老甲后 227）

好　　作孜（老甲 42）

缫　　作繰（战 31）

警　　作譀（战 257）

詐　　作訾（春 71）

颠　　作顚（相马经 60 上）

静　　作靖（老乙 4 下）

矜　　作畲（老乙前 104 上）

幼　　作务（老乙 236 下）

惑　　作惐（老乙前 172 下）

妒　　作妾（老乙前 150 下）

苏　　作蘇（孙子 128）

醜　　作魗（银膑 200）

紫　　作紝（凤 M$_{167}$2）

聂　　作聟（一号墓木牌 24）

姑　　作故（一号墓木牌 24）

魂　　作鼋（邗江王奉世墓木牍）

桂　　作絑（长沙出土西汉印）

郡　　作陥（甘露二年丞相御史律令）

懼　作懅（甲 387、395）

膓　作膌（五 218）

愚　作愚（睡 81・23・3）

褰　作褋（甲 75）

（以上各字移动原字部件的位置）

制　作裚（睡为 16 贰，银膑 352、354）

灾　作材（佚法 74 下、75 下，佚十 88 上）

管　作筦（银 2456 阴 4）

盘　作瓯（马战 232）

鲜　作蟨（马胎 6）

糯　作稬（凤 M_{167} 59）

（以上各字与原字之间没有明显的形体联系）

乱　作乿（春 75、80）

者　作者者（甲 444、445、447、448）

为　作为为（战 261、271）

（以上各字与原字相比，有理性被破坏）

隶变阶段俗省字的大量涌现,反映了旧的汉字体系被破坏,新的用字规范还没有确立之时,人们写字较为自由奔放的特点。可以说,它在某种程度上代表着隶变的过激倾向。

5. 草书

隶变阶段的草书数量不少。如:

陆	作陡 (牍 11·12)
唯	作唯 (居 231·24)
微	作微 (为 5)
色	作色 (睡日乙 170)
池	作池 (居 560·22)
述	作述 (甲 107)
天	作天 (银 699)
走	作走 (银 968)
步	作步 (银 800)
道	作道 (银 678) 道 (居 231·113)
皆	作皆 (银 689) 皆 (武 92 乙)
益	作益 (银 820)

央　　作史（银 678）

之　　作之（银 638）

室　　作室（银 810）

定　　作定（银 676）定（居新）

裘锡圭先生指出："草从古隶生"，"草书正式形成为一种字体，大概在西汉中期偏后。"[1]结合出土材料看，这些论断都是正确的。需要指出的是，草书的萌芽大约可以推到战国中期。草书是从隶变中繁衍出来的新字体。草书的方法是隶变方法的延续和发展。到了隶变后期，高度发展的草书方法反过来又作用于隶变过程。

至此，我们介绍了隶变阶段通用汉字里的古体字、俗省字和草书。显然，它们是具有相当规模的。其中有些字，不仅用为本字，甚至还见于通假字当中[2]。譬如墅，《六十四卦》61 通爾；婴，《老子》乙本 205 上、203 下通邻，《六十四卦》27 通否；杭，银雀山汉简 822 通救；智，银雀山汉简 006 通知；瘦，《五十二病方》51 通嘤。其中墅与籀文结构相同，婴、杭与古文结构相同，智、瘦是智、瘿的省体。与籀文、古文相同相近的古体和俗省字被用为通假字，说明在当时它们是被人们所广泛熟悉的。

综观隶变阶段中复杂的汉字成分及其特点，可以得出以下几

①　裘锡圭《从马王堆一号汉墓"遣册"谈关于古隶的一些问题》，《考古》1974 年第 1 期。
②　参看拙文《秦汉简帛通假字的文字学研究》，首届中国简牍学国际学术讨论会论文【此文后发表于《河北大学学报》1991 年第 4 期】。

条结论：

第一，隶变阶段的通用汉字是一个开放的体系，汉字的旧质要素和新质要素曾长期共存，在矛盾斗争中推进字体改革。

第二，部分六国文字确曾流入隶变阶段的通用文字中，因此，隶变虽然始于秦文字，但六国文字无疑对隶变产生影响。

（三）隶变阶段汉字演变的多向性

隶变阶段，并不是每个字的演变都是单向的，有很多字，它们在演变的过程中，具有多向性。有些字一路演变为正体，一路演变为草书。如：

此 （牍 11·3）——此（夏承碑）
　　　　——此（战 296）——此（银牍 34）

夫 （睡 23·2）——夫（定县竹简 25）
　　　　——夫（银 822）

空 （马五 237）——空（韩仁铭）
　　　　——空（银 846）

定 （绎山碑）——定（史晨碑）
　　　　——定（银 676）

夏（睡 10・4）——夏（武威简・士相见 1）

　　　　　　　　——夏（银 673）

有的一路演变为正体，一路演变为俗体或省体：

獲（睡 4・18）——獲（熹・诗・绿衣）

　　　　　　　——獲（老甲后 395）

獨（睡 11・25）——獨（熹・易・夬）

　　　　　　　——獸（郑固碑）

盥（老甲后 333）——盥（居甲 938）

　　　　　　　——釜（马春 29）

顏（睡 36・74）——顏（祀三公山碑）

　　　　　　　——額（老甲后 315）

　　正体、草书、省体、俗体，是隶变阶段通用汉字形体演变的几种基本趋向。在每一个基本的趋向中，又往往有一种以上的演变轨迹，其中尤以草书最为突出。试举立、皿、走、邑、辵以资说明。

企（石①）———仝（简②）— 仝（简）
　　　　　　— 亡（简）
　　　　　　丘（简）— 立（简）

---

①　石系指战国中期至秦代的秦系石刻文字。
②　简系指秦至汉初的简帛文字。

隶变阶段中通用汉字演变趋向的复杂性,导致了大量异体字的产生,而且草书也由此孕育而生。因此,隶变不仅形成了隶书,同时也孕育了草书。

汉字演变趋向的复杂性,表明隶变阶段中人们对改革现行汉字的不同态度、不同需要和不同途径。

---

① 印系指战国晚期至秦代的秦系印文。
② 金系指秦孝公至秦代的秦系金文。
③ 陶系指战国中期到秦代的秦陶文。

（四）隶变的渐次性、连续性和阶段性

隶变中的一个单字，它的演变是逐渐进行、环环紧扣的，具有明显的连续性和阶段性。

下面，我们从归纳出的九十个偏旁中抽出若干，胪举于后，即可一目了然。

𦣞（印）—𦣞（石）—𦣞（印）—阝（金）—阝（简）—阝（简）

𠂆（石）—𠂆（石）—𠂆（金）—厂（简）—厂（简）—厂（简）

𠴔（印）—𠴔（陶）—𠴔（陶）—𠴔（陶）—言（简）—言（碑①）

𠱸（石）—𠱸（金）—𠱸（简）—𠱸（简）—心（简）

𠂤（石）—𠂤（简）—𠂤（简）—𠂤（简）

𣎼（石）—𣎼（陶）—禾（金）—禾（简）

它（简）—它（简）—它（简）—它（简）—它（碑）

---

① 碑系指汉碑隶。

也（石）—也（简）—也（孙膑 4）—也（定县简

10）—也（碑）

艹（印）—艹（简）—廾（简）—卅（陶）

毋（印）—母（石）—女（简）—母（简）—女（金）

犬（石）—犬（石）—犬（简）—犬（碑）

手（陶）—手（石）—手（简）—手（碑）

　　隶变作为小篆到今隶的字体演变，中间经历了古隶阶段，因此隶变过程总体上可以分为两个阶段，第一阶段从小篆到古隶，第二阶段从古隶到今隶，这两个阶段自身和这两个阶段之间都具有渐次性和连续性。

三、研究隶变的方法

（一）以往隶变研究方法的缺点和不足

以往，隶变研究的基本模式是拿《说文》小篆单字和汉碑隶进行对照，也有和简帛文字进行对照者。这种做法存在着严重的缺点和不足：

1. 拿《说文》小篆作"参照体"，不一定能反映隶变的真实过程，甚至会出现错误，因为《说文》小篆已不全是隶变前原样。导致《说文》小篆变样的原因是多方面的。首先，《说文》小篆的主体来源于《苍颉篇》《爰历篇》《博学篇》，它们是经过李斯等人加工整理的。李斯等人在加工整理的过程中，不可避免地掺进了一些主观因素。其次，秦初到《说文》成书其间，小篆在流传中又发生了一些讹误。再次，《说文》成书过程中以及成书以后，某些篆形又被篡改或写错①。

---

① 后两点请参看裘锡圭《文字学概要》62 页，商务印书馆，1988 年 8 月第 1 版。

我们可以结合具体的实例来看:

斗,《说文》小篆作🔸,而东周金文秦公簋、夔胅鼎作🔸,睡虎地秦墓竹简 23·5 作🔸,马王堆汉墓帛书《老子》乙本卷前古佚书 5 上、一号墓竹简 146、汉代龙渊宫鼎、代食官糟锺也与之结构相同。遍检两周秦汉时代出土文字,斗皆不作🔸,知《说文》小篆斗字已非隶变前原样。从斗字出发,还可以发现《说文》小篆斗作偏旁时也不是隶变前的样子。如斟字,十一年𢒌鼎作🔸,汉代平都犁斟作🔸;料字,周代司料盆盖作🔸,睡虎地秦简 23·11 作🔸;科,《苍颉篇》30 作🔸;斜,宝鸡汉印作🔸;斟,《苍颉篇》11 作🔸;斜,成山宫渠斗作🔸,《汉印文字征》作🔸;斛,周代斛半小量作🔸;斡,《汉印文字征》作🔸;魁,《汉印文字征》作🔸。

升,《说文》小篆作🔸,而两周金文友簋作🔸,秦公簋作🔸,连迁鼎作🔸,睡虎地秦墓竹简 23·4 作🔸,马王堆一号墓竹简 180、汉代龙渊宫鼎、新嘉量结构亦与之相同,知《说文》小篆升非隶变前原样。

也,《说文》小篆作🔸,郎邪刻石作🔸,睡虎地秦墓竹简 15·103 作🔸,两诏椭量作🔸,马王堆汉墓帛书《老子》甲本和《春秋事语》8 皆作🔸。马王堆汉墓帛书《老子》甲本 133 𧿆作🔸。知《说文》小篆也非隶变前原样。

乏,《说文》小篆作🔸,而战国金文中山王壶作🔸,中山王兆域图作🔸,睡虎地秦墓竹简 16·115 作🔸,马王堆汉墓帛书《老子》乙本卷前古佚书 105 上作🔸。泛字,《说文》小篆作🔸,银雀山汉简《孙膑兵法》126 作🔸。知《说文》乏字和从乏的泛非隶变前原样。

七，《说文》小篆作ㄓ，而两周金文皆作十、十，如秦公簋作十，由一长横一短竖组成。睡虎地秦简10·5、马王堆汉墓帛书《五十二病方》247、《老子》乙本卷前古佚书15上、《战国纵横家书》142、《相马经》3下、一号墓竹简165、银雀山汉简《孙子》184、满城汉墓铜甗、上林行镫等无不如此。知《说文》小篆七非隶变前原样。

卅，《说文》小篆作卅，而两周金文作凵或凵，睡虎地秦简作世。马王堆汉墓帛书《老子》甲本110、《战国纵横家书》141、《天文气象杂占》4·4、《老子》乙本225下、银雀山汉简《孙膑兵法》91、汉新钧量、长安铜、满城汉墓铜铜与秦简同，知《说文》小篆非隶变前原样。

于，《说文》小篆作丂，两周金文作丂或于。绎山碑作丂、马王堆汉墓帛书《战国纵横家书》142作亏、睡虎地秦简21·200作于、马王堆帛书《老子》甲本卷后古佚书184、《春秋事语》34以及汉碑结构都与之大同小异。它们共同特征是中笔穿透第二横画和第一横画相连。从亏的字也是如此。智，《说文》小篆作智，睡虎地秦简24·35作智，马王堆汉墓帛书《老子》甲本卷后古佚书355、《战国纵横家书》292、银雀山汉简《孙子兵法》30、《汉印文字征》结构与之略同，皆从于。扜，《说文》小篆作扜，马王堆汉墓帛书《相马经》37上作扜，《苍颉篇》21、《汉印文字征》结构同。汙，《说文》小篆作汙，马王堆《老子》甲本卷后古佚书422作汙，银雀山汉简《孙子兵法》56、武威汉简《仪礼·泰射》36结构同。纡，《说文》小篆作纡，《苍颉篇》17作纡。杅，《说文》小篆作杅，《居延汉简乙编》145·28作杅。盂，《说文》小篆作盂，《汉印文字征》作盂。

吁,《说文》小篆作听,《汉印文字征》作吒。粤,《说文》小篆作粤,范式碑作粤。榉,《说文》小篆作樗,《居延汉简乙编》135·31 作榉。涛,《说文》小篆作悖,樊敏碑作涛。

以上论证说明,《说文》小篆斗、升、也、乏、七、卅、于以及由它构成的某些篆形已不是隶变前的原样。我们如果拿这些小篆作参照体,来排列隶变的演进序列,总结隶变现象和规律,显然是不符合事实的。

而且,这里所揭示的,只是几个较典型的例子而已。笔者曾用两周秦汉文字整理和研究《说文》小篆,发现《说文》小篆非隶变前原样的达数百之多①。这还只是在现有文字资料的基础上获得的认识,相信随着出土材料的增多,还能从《说文》中揭出更多类似的例子来。

《说文》共收小篆九千余个,目前能确知不是隶变前原样的有数百个,这个比例是不能低估的。如果在研究隶变时,用到了其中的任何一个,都会违背隶变的真实。事实上,在过去的隶变研究中,用到不可靠篆形的比比皆是。至于那些未经出土材料证明的小篆,用起来虽然不能说它错,但也不能说它就一定对。运用这些小篆,带有一定的冒险性。当然,已经被证明隶变前就有的、没有走形的小篆是完全可以采用的,但同时,也可以直接利用与之相对的出土材料。

2. 拿今隶直接与小篆进行对照,掩盖了生动而具体的隶变过程,给人以突兀之感,容易造成一种"隶变是突变"的假象。而且

---

① 见拙文《说文解字小篆研究》,待刊【后改名《〈说文〉小篆研究》,已于 1999 年由广西教育出版社出版】。

在两个遥远的点之间描绘其演进轨迹，由于缺乏中间环节，难免有射覆之举。

3. 单字举例的方式带有一定的随机性、盲目性，只能再现部分真实，不容易抓住隶变的总体特点。

（二）我们研究隶变的方法

确定研究方法的立足点是真实、具体、完整地再现隶变过程。只有真实、具体、完整地再现了隶变过程，描述的隶变现象、总结的隶变规律才会可靠。为此目的，我们把眼光瞄准隶变过程，特别注意从隶变过程中去整理隶变序列，并且尽可能地增大整理的覆盖面。

1. 明确隶变研究的关键环节

前面已经指出，隶变是战国中期开始，秦系文字经由古隶到今隶的演变。对于标准的今隶前人已经作过系统的整理，我们可以以它们为隶变序列的结束点，而把整理隶变序列的重点放到今隶以前，即汉武帝以前。

汉武帝到秦末的数十年间，文字材料的大宗是简帛，如马王堆、银雀山、阜阳等地均有大量出土。由于这些简帛文字有些处在大致相当的发展阶段，字体相近，因此我们只以马王堆汉墓出土的《老子》甲乙本、《春秋事语》、《战国纵横家书》和《五十二病方》为代表。这一阶段的其他文字材料如印文、金文、漆书、陶文等等,数量不多,且难以准确断代,姑且搁置不论。

战国中期到秦末的文字资料,除秦始皇所立碑文被确认为经李斯等人加工整理的小篆以外,其他各类基本上是自然状态下的文字,均可纳入研究范围。

战国中期到汉武帝,前后二百余年,是隶变的关键阶段。这一阶段最能反映隶变的本质特点,因此我们把它作为整理和研究的重点。

2. 弄清隶变阶段通用文字的主体及其性质

大篆至少从战国中期开始解体,解体后成为一种新的综合性的通用文字,用现在的眼光看,它的主体是小篆和古隶。

关于战国中期以后综合性通用文字的性质,过去并没有一致的看法,或把它叫作“草篆”,或把它叫作“古隶”,或称它在“篆隶之间”。这些看法主要是在把这种通用文字跟《说文》小篆和分隶进行对比中产生的,都各执一端,失之偏颇。我们觉得,称之为综合性的通用文字更为全面、更为准确一些。

《说文》中的小篆,它的用笔十分严谨,线条偏旁的搭配十分匀称,其总体书写形态类似于后世的印刷体。可以想见,日常生活中使用的小篆绝不可能和《说文》小篆面貌相同。有人泥于《说文》小篆,认为小篆没有在日常生活中使用过,这是一种误解[①]。

---

① 海萌辉《小篆不是汉字形体演变过程中的一个环节》,《郑州大学学报》1988 年第 3 期。

我们今天所使用的汉字,有印刷体,也有手写体,但只要结构相同,形态相同,就可以看作同一种字体。因此,在综合性通用文字中,那些线条和结构形态与《说文》小篆相同的形体,都可以叫作小篆。基于这一认识,我们认为综合性的通用文字中,小篆拥有相当数量。

古隶是介于小篆和分隶之间的字体,具有较长的时间跨度,其上限可推到战国中期,下限大约在西汉中期。在综合性通用文字中,它的规模最大。古隶形态非常丰富,一个字有各种不同的写法,反映了汉字在由小篆到分隶演进过程中的串串足迹。早期古隶和小篆非常接近,涉及某个具体的字,究竟应把它叫作"古隶"还是"小篆",有时很难分别。后期的古隶和八分接近,某些字同样难以归属。对于整理隶变序列来说,重要的是弄清战国以来秦系综合性通用文字的性质及其内部联系,而不必把注意力放在个别字的归属上。

这种综合性的通用文字能够反映隶变的进程。从横向看,某个时段的文字材料,如《五十二病方》,同一个字有多种不同的写法,稍经整理,就能再现其隶变的一个或几个环节。从纵向看,不同阶段的综合性通用文字,如马王堆汉墓帛书《老子》甲本和《老子》乙本之间,明显经历了一个演进的过程。由于综合性的通用文字是一个历时的综合体,因此研究隶变可以直接从整理综合性通用文字入手。

3. 选定整理隶变序列的途径

我们对综合性通用文字里的主要文字资料,包括战国中期到秦灭亡时的各类秦文资料和汉武帝以前的几种简帛资料进行了

系统的收集整理,具体如下:

青川木牍

睡虎地秦墓竹简

马王堆帛书《老子》甲乙本

马王堆帛书《春秋事语》

马王堆帛书《战国纵横家书》

马王堆帛书《五十二病方》

《秦汉南北朝官印征存》中的"秦官印"

《十钟山房印举》中的"周秦印"

大良造鞅戟(《三代》20·21·1)

大良造鞅矛镎(《三代》20·60·1)

大良造鞅殳镎(《双古》49)

大良造鞅升(《国学季刊》5卷4期图1)

四年相邦樛斿戈(《三代》20·20·2、20·27·1)

十三年相邦义戈(《录遗》584)

王五年上郡守疾戈(《人文杂志》1960年3期)

王六年上郡守疾戈(《痴庵》61)

王十年上郡守中?戈(《贞松》中66)

十二年上郡守寿戈(《文物》1977年5期)

□□年上郡戈(《考古学报》1974年1期)

十四年相邦冉戈(《剑古》上48)

□□年丞相触戈(《贞松》续下22·2)

十八年漆工师戈(《文物》1959年9期)

廿年相邦冉戈(《湖南考古辑刊》第 1 辑)

廿一年相邦冉戈(《三代》20・23・2、20・24・1)

廿五年上郡守厝戈(《丛考》(改)418)

廿六年□栖守戈(《文物》1980 年 9 期)

廿七年上郡守趞戈(《北京大学学报》1958 年 3 期)

卅年上郡守起戈(《北京大学学报》1958 年 3 期)

二年上郡守冰戈(《文物》1982 年 11 期)

三年上郡守冰戈(《录遗》583)

二年寺工誉戈(《周金》6・11)

三年相邦吕不韦戈(《考古与文物》1980 年 3 期)

四年相邦吕不韦戈(《文物参考资料》1958 年 10 期)

五年相邦吕不韦戈(《周金》6・1)

五年吕不韦戈(《小校》10・58)

七年相邦吕不韦戈(《文物》1982 年 3 期)

八年相邦吕不韦戈(《文物》1979 年 12 期)

十四年属邦工师戈(《考古》1962 年 8 期)

十七年寺工钺(《文物》1983 年 3 期)

廿二年临汾守瞫戈(《考古》1978 年 1 期)

廿六年蜀守武戈(《文物》1974 年 5 期)

新郪兵符(引自《秦汉金文录》)

杜兵符(《文物》1979 年 9 期)

阳陵兵符(引自《秦汉金文录》)

秦诏版(引自《秦汉金文录》、《文物》1979 年 12 期、
《文博》1987 年 2 期)

工师初铜壶、雍工歔铜壶(《考古与文物》1983 年 6 期)

高奴簋(《文物》1985 年 5 期)

三年诏事鼎(《文物》1982 年 2 期)

戏佟铜量(《文物》1965 年 5 期)

金饰牌(《文物》1980 年 7 期)

秦币文(《古钱大字典》217、227、251、253、283)

《秦代陶文》

《诅楚文》[①]

我们把这些材料统统做成单字卡片,抽去其中的古体字,从每字的卡片中摹出各自的异体,再从这些异体中分析出九十个偏旁,把每一偏旁的各种异体按逻辑顺序进行排列,以分隶作为这个序列的终点。这样,九十个偏旁,就是九十组具体而生动的隶变序列,也是最基本的和最有代表性的隶变序列。

这九十个偏旁是:立、衣、水、心、鱼、欠、贝、瓜、禾、疒、犬、自、食、肉、刀、角、竹、虍、皿、攵、艹、隹、牛、辶、言、癶、手、女、虫、金、糸、雨、舟、长、山、马、酉、走、网、羊、臣、邑、丘、大、尸、歺、页、鬼、广、火、日、月、穴、鹿、人、缶、弓、木、巾、虎、血、革、殳、目、鸟、豕、玉、门、耳、口、子、车、戈、止、彳、土、田、足、力、王、牙、瓦、曰、毛、矢、户、皮、米、豆、示。

在描述隶变现象、总结隶变规律时,我们尽可能用这些偏旁来举例。必要时也举一些合体字的例子。

[①]   关于诅楚文的真伪,学术界存在着不同的看法。我们认为诅楚文是可靠的战国秦文材料,请参看《诅楚文辨疑》【此文已发表于《河北大学学报》1992 年第 2 期】。

四、隶变的必然性和可能性

（一）隶变发生的必然性

春秋战国时代，汉字作为记录汉语的符号系统已经相当完善，这主要表现为造字法和改造法①的高度发展以及汉字数量的急增②。春秋以后，汉字偏旁日趋成熟，为创造大量形声字提供了条件③。新的形声字的创造和对旧有形声字的改造，大大地缓解了汉字与汉语的矛盾。一般说，汉字与汉语的矛盾是本质的、第一位的。因此，汉字从产生起就一直在努力解决这种矛盾，在形声作为造字法和改造法高度发展的特定阶段，汉字与汉语的矛盾因得到空前的缓解而降到次要的地位。与此同时，汉字和书写者

① 笔者认为，汉字的结构方法应包括造字法和改造法，造字法和改造法应该分立。详作者硕士论文《汉字形体结构围绕字音字义的表现而进行的改造》，《河北学刊》备用稿【后改发于《中国文字研究》第 1 辑，广西教育出版社，1999 年】。
② 参见拙作《汉字形体结构围绕字音字义的表现而进行的改造》。
③ 参见张振林《试论铜器铭文上的时代标记》，《古文字研究》第 5 辑，中华书局，1981 年 1 月第 1 版。

之间的矛盾便显得突出起来。

　　和六国文字相比,大篆字体有着明显的缺点,大篆与书写者之间的矛盾更为突出。

　　秦国地处西周故地,直接继承了西周晚期的文字,直到春秋战国初期,字形结构都没有发生太大的变化,象形意味较浓,与其他诸国文字相比,它的形体是最保守的。因此形体结构复杂可以说是大篆的缺陷之一。大篆的另一个缺陷是某些笔顺不合手写的自然习性,逆笔回笔太多,影响行笔的速度。大篆的第三个缺陷是线条连绵、缺乏明显的节奏感。大篆的这些缺陷,给写字的人带来了极大的不便。人民群众必然要对它进行改造。

　　进入战国以后,"诸侯力政,不统于王",伴随着内部的变法和外部的战争,整个社会发生了一系列深刻的变革,这种社会背景对文字提出了新的要求并产生了更为深广的影响。

　　秦国经过商鞅变法,国力大增,为了打通东进的道路,公元前333年前后,多次与魏交战,尽收其河西之地。接着又乘胜向中原挺进,公元前316~前315年,秦攻占赵中阳、西都和蔺,公元前314年,大败韩国于岸门,公元前308年下韩宜阳。公元前312年以后,经过丹阳和蓝田之战,秦大败楚军,置汉中郡。公元前316年秦灭蜀。由于战争的频仍和紧迫,秦人写字一改春秋以来整饬的作风,表现出草率急就的倾向。这在战国中期的兵器上是显而易见的。此外,秦人在兼并战争中,每攻占一地便在那里推行秦的法律,这些法律条文也是用草率的秦文书写的,武公时的青川木牍便是很好的证明。

　　战争还促进了秦国与诸侯国之间的人员流动和文化融合。

六国文字的简化趋势和简化方法必然对秦人和秦文产生强烈的影响。

　　秦律崇尚耕战，不论身份地位，一律论功行赏。这种措施，使社会各阶层发生了翻天覆地的变化。越来越多的平民、奴隶子弟因父辈的军功而得到受教育的权利。这样，识字用字的人不断增多，用字领域不断扩大，从而强化了秦文隶变的必然性，加速了隶变的进程。

　　最后要提到的是战国时秦文书写方式、书写工具及其与隶变的必然联系。从出土材料看，进入战国以后，秦文制作的方式发生了由铸造到刻画和书写的转变，刻画是用锐器，书写则用毛笔。刻画含两种：一种是照着墨书笔道雕刻，本质上同于墨书；另一种是自由刻画，能充分体现刻画文字的特点。这里所说的刻画指后者。刻画出来的字，往往将连笔拆断，将曲笔拉直，将圆弧刻成方折。与铸造的字相比，字体瘦硬散漫。而用毛笔书写，则运笔灵活、变化多端。由于使用毛笔的人不同，书写的内容和场合不同，用毛笔写出来的字呈现出截然不同的风貌。这说明毛笔具有极广泛的适应能力和极强的书写性能。战国时期，写字用字的人增多，用字的领域扩大，使得毛笔在字体改革中起着巨大的推动作用。

（二）隶变发生的可能性

　　汉字是以象形为基础发展起来的。无论是会意、形声、假借还是转注字,分析起来,它的基本的单位都是象形。象形造字法是通过描摹事物的形体来表示事物本身的。在描写时,只要抓住事物的特征即可,形体本身可繁可简。正如章炳麟《造字缘起说》所说:"马、牛、鱼、鸟诸形……体则鳞羽毛鬣皆可增减也。"甲骨文中的一个象形字,往往有多个异体,也充分地证明了这一点。象形字的这个特点表明汉字从造字起就具有一种可变性。

一个汉字,它的单纯的形变都是相对的,都有自己的参照体。虽然每一个字的参照体各不相同,但都有一个共同点:先出现的形体为后出形体的参照。这些参照体与被参照体之间存在着某些共同的特征,足以使人们在两者之间产生相似或相关的联想。汉字的这个特点,从造字之初一直流传下来。

甲骨文的象形字以客观对象为参照,抓住对象的特征即可,形体的塑造具有较大的灵活性。合体字的象形部件,则以独立运用的该象形字为参照,在保留象形字特征的前提下,同样具有可变性。就不同字体而言,在商代,金文与甲骨文互为参照;在西周,金文、甲骨文以商代金文、甲骨文为参照;春秋战国初的秦文则以西周晚期文字为参照,如此等等。这实际上就是汉字象形精神的延续和升华。

由汉字象形特点决定的形体可变性,是隶变发生的可能性之一。

从汉字产生起,象形字就用形体来表达语词的意义,由于汉语同义词、近义词的影响,象形字作为一种意义符号,也自然地形成了同义和近义系列。稍后,假借字又用形体来表达语词的读音,由于受到汉语音同、音近词的影响,这些假借字作为一种语音符号,也自然地形成了音同、音近的系列。会意字产生和壮大以后,同义和近义的符号系统曾对它产生过影响,尤其是形声字出现并发展起来以后,它的形符和声符或者它作为一个整体更严重地受到同义近义符号系统和音同音近符号系统的影响和冲击,导致了增形增声、换形换声等一系列变化。由于这种变化与语言的音、义直接相关,所以仍容易被人们所接受。尽管它与它的原字之间可能变化较大,不容易产生相似相关的联想。

因此,汉字形体表音表义的特点也是隶变发生的可能性之一。

战国时"百花齐放,百家争鸣"的学术空气,进一步解放了人们的思想,在这种背景下,人民群众的创造能力,自主人格得以充分地发挥,表现在用字上,他们敢于冲破束缚,草率急就,为我所用。

战国是一个破旧立新的时代,旧的规范被破坏,新的规范尚未确立。在写字上,也没有严格的规范可言,人们可以根据需要,在一定限度内对汉字进行省简和改造。

可见,特定的社会环境为隶变发生提供了第三种可能性。

五、隶变的现象和规律

　　隶变是一个系统的工程,它的各个环节、各个层面本是有机的、相互联系的。本文为了描写和分析的需要,姑且将隶变分成两个大的类型,即与表音表义无关的隶变和有关表音表义的隶变。而且,在用偏旁和单字举例时,为了说明具体的隶变方法,我们往往只截取其隶变过程中的相关片段。

(一) 与表音表义无关的隶变

　　与表音表义无关的隶变,是指隶变过程中,人们为了求快速、求顺手、求美观而导致的形变。这类隶变完全是由书写的原因造成的。它的基本手段可以概括为直、减、连、拆、添、移、曲、延、缩等九种,无论哪种方法,都不同程度地对笔画形态、笔画数、笔顺和结构产生影响。

1. 直

　　直是指在隶变过程中,把原字当中的曲线、弧线、半圆(圆形是先拆成半圆然后再拉直)拉成直线、准直线(指撇、捺等)或折线(实际上是两根直线或准直线的连接)。直的运用,使原字笔道缩短,书写更简捷,字形更疏朗,更轮廓化。如:

　　　　犬 历(印、石)——犬(简)

　　　　屮屮(简、石)——竹(简、金)

　　　　皿(石)——皿(金)

　　　　与(金、陶)——女(简)

　　　　屮屮(陶)——屮屮(简)

　　　　中(石、金)——女(金、简)

　　　　羊(陶)——羊(简、石、陶、印)

　　　　皿(印)——止(简)

　　　　犬(石、印)——大(简)

　　　　門(印、金、陶)——內(简)

　　　　刀(石、印、陶)——亻(简、陶)

　　　　米(石、印)——木(简、陶)

巾(石)——巾(简)

殳(金)——殳(简)

目(石、金、陶)——目(金)

車(石、印、陶、金)——車(陶)

戈(石)——戈(简)

止(石、印、金、简)——止(简)

彳(金、石、陶、简)——彳(简)

刀(石)——刀(简)

皮(简、金)——皮皮(简)

屮(金)——出(简)

2. 减

减是指在隶变过程中减去原字的部分形体,使原有字形进一步简化。如：

巛(石、印、陶、金)——三(简、陶、金)

阝(简)——阝(陶、简)

言(陶)——言(简)

麤（石）——鹿（简）

匡（简）——匡（简）

隷（简）——津（简）

奉（石）——奉（石）

屈（简）——屈（简）

查（石）——查（陶）

暴（简）——暴（碑）

圆（陶）——血（陶）

3. 连

连是指隶变过程中所发生的连笔现象。连的应用，加快了书写速度，使原来结构更为紧凑。

血（石）——立（简）

夾（石、金）——朿（简）——矢（简）

众（石、印）——衣（简）

午（简）——午（简）

廿（石、陶、印）——口（简、陶）

𠂤(金)——皿(石)

頁(印、陶)——頁(简)

屮(石)——史(简)

㠯(印)——㠯(陶)

尸(印、简)——尸(陶)——尸(碑)

阝(石)——阝(陶)——阝(简)

病(石)——病(简)

食(印)——食(简)

屮(简)——屮(石)

弋(石、简)——也(简)——也(简)

戌(石、简)——戌(简)

抓(简)——抓(简)

4. 拆

拆是指隶变过程中将本来连着的形体拆散。拆的运用,使原字结构更疏朗明晰,更合乎运笔顺序和自然节奏。

血(简)——立(碑)

衣（简）——衣（碑）

利（简）——利（碑）

豕（简）——豕（碑）

孑（简）——孑（简）

田（石、简）——田（陶）

毛（简）——毛（碑）

尸（简）——尸（简）

午（简）——午（碑）

采（简）——采（碑）

5. 添

添是为了字势匀称、字形美观而在原字上附加简单笔画。如：

病（金、简）——病（金、简、陶）

屮（石）——屮（简）

6. 移

移是为了字形平稳和书写便利,而移动字的整体或部件的位置。如：

也(简、金)——心(简)——心(碑)

必(简)——必(简)

叉(简)——叉(碑)

巨(简)——爪(碑)

卯(石)——月(金、陶)

者(简)——者(陶)

虎(石)——女(金、简)——女(陶、简)

淋(碑)——秫(简)

7. 曲

曲是指隶变过程中将直线扭曲，或将微曲的线条严重扭曲，以达到字势的平稳或较为美观的视觉效果。如：

旅(简)——旅(简)

毛(简)——毛(碑)

它(简)——它(碑)

昌(石)——昌(碑)

五(简)——五(简)

8．延

延指隶变过程中把某些线条延长，以便结构更紧凑、更和谐。如：

尸（简、印）——尸（碑）

亚（简）——皿（碑）

手（简）——手（碑）

北（简）——丘（简）

甬（印）——豖（碑）

折（简）——折（碑）

9．缩

缩是指隶变过程中把长线缩短，以调整和简化笔道。

屮（石、陶）——屮（简、金）

广（金、陶、简）——广（简）

長（简）——長（碑）

空（简、印、兵、陶）——空（简）

弓(石、陶)——弓(简)

戈(石)——戈(简)

頁(印、石、陶)——頁(碑)

匡(简)——匡(碑)

上面,我们分别介绍了直、减、连、拆、添、移、曲、延、缩九种隶变方法,但是应该指出,这些方法在隶变过程中往往是综合使用的。如由 耒(石)到 奉(简),便是直、连、减三种方法的综合运用,由 火(简)到 火(简),是拆、移、缩三种方法的综合运用,由 毛(简)到 毛(简)和 屮(陶)到 朴(简)分别是延、曲和添、直两种方法的综合运用。

(二) 有关表音表义的隶变

汉字是语言音义的载体,每个汉字都有形音义三要素。用字的形体表达词的音义是古汉字的传统特点,因此汉字形体结构的演变,有时和表音表义相关涉。前面我们已经介绍了隶变中单纯的形变,除此之外,还有一类隶变是与表音表义有关的。

有关表音表义的隶变,体现了古汉字形体表音表义的特点,维护了汉字结构的有理性。

1. 省形

一般来说，如果省掉字中的某个形符，往往会导致固有结构的无理化。这类省形，属于"与表音表义无关的隶变"中的"减"类。但也有些字，即使省掉了一部分形符，仍然不影响或不很影响表音表义。如蠱变成盅（银 1315 晏 15），省掉了两个"虫"，仍可表达"皿虫为蛊"的含义。靃作霍（居甲 796A），省掉了一个"隹"，仍可以会鸟在雨中飞，"其声霍然"的意思。

2. 省声

省掉形声字声符的一部分，会导致两种完全不同的结果。有一类形声字省掉声符的一部分以后，便不能再表音。如酋（马五 368）是劇的省体，尊声省掉"寸"成为酋，虽仍是字，但与尊的读音已经不同，不能表声。窅（银 3500 六 5）是窮的省体，把躬声省作身，省掉了由形声字充当的声符中的子声符，光剩下形符，也不能表声。这类省声也应属于"与表音表义无关的隶变"中的"减"类。

与上述情况相反，有一类形声字的声符本身是形声字，在省声时，省掉的只是该形声字声符中的形符或部分形符，声符保留了下来，这种形声字声符虽然省掉了一部分，但仍然具有表音功能。譬如薑（马五 247），从廾彊声，有时也写作薑（居甲 1962），省去了原字声符的形旁。又如栢（睡 50·69），从木否声，满城汉墓漆耳杯作杯，把"否"声省作"不"声。彊（居 180）从弓畺声，孙龢碑作彌,壐省作爾声。杯和彌都省去了原形声字声符的形旁。薑、杯、彌虽然都省掉了原声符的一部分,但都还可以继续表音。

3. 换形

隶变过程中,某些字的形旁被意义相近或与原字相关的形旁替代。被替代的有的是象形会意字,有的是形声字。如猷,商代的甲骨文作𩚛(菁 1、通纂 426),西周金文作𩚛,春秋金文作𩚛。商代本是会意字,象捧住酒坛子饮酒之形,西周时形体发生讹变,被声化为形声字[1],作猷。春秋时又用形旁"食"取代了"酋",成为新的会意字飲。西汉简帛所写经书,较早的《春秋事语》作猷,较晚的武威汉简《仪礼・有司彻》作飲。𦜝(睡 49・81)从卩桼声,郑固碑作膝,声符不动,用形旁"月(肉)"代替"卩",因为"月(肉)"的含义与膝有关。谿字(孙膑 109)从谷奚声,马王堆帛书《老子》甲本 148 作溪,用"水"代"谷",因为"水"与溪的字义有关。

4. 换声

隶变当中,有时调换形声字的声符。犝(睡 49・81)作犩(张表碑),把"童"声换成"重"声;糧(银子 59)作粮(礼器碑),把"量"声换成"良"声;脽(马五足 3)作臀(熹平石经《易・家人》),把"隹"

---

[1]　参看唐兰《古文字学导论》增订本 110～117 页,齐鲁书社,1981 年 1 月第 1 版,《中国文字学》103～104 页,上海古籍出版社,1979 年 9 月第 1 版,以及拙作《汉字声化论稿》,《河北大学学报》1990 年第 2 期。

声换成"殿"声；忼（赵菿碑）作慷（王孝渊碑），把"亢"声换成"康声"，如此等等，都是很好的证明。

5. 增形

增形是指在原来象形表意字或形声字的基础上增加表义的形旁。如然（睡 23·12）是形声字，《武梁祠画像题字》作燃，加"火"旁。莫（睡 20·185）原为会意字，《彭庐买地券》作暮，加"日"旁。虚（老甲 102）也是形声字，张平子碑作墟，加"土"旁。原（睡 53·25）本为象形字，《老子》甲本卷后古佚书 332 作源，加水旁。燃、暮、墟、源四字增形以后，形体更其繁复，但却增强了表意功能。

6. 繁声

繁声是指声符的繁化，繁化后的声符中包含着原字的声符。如领（甘露二年丞相御史律令）本从页各声，开道碑作额，把"各"声繁化为"客"声。枑（睡 48·69）字从木朩声，《武威汉代医简》作椒，把"朩"声繁化为"叔"声。

7. 把象形表意部分改成声符

有些字，其象形表意的形体在隶变过程中发生了某些变化，写字的人因势利导，干脆把它改成声符。羑（睡 8·11）字是用手牵羊进献的会意字，武威汉简《仪礼·有司彻》53 作羞，把会意字的部件"又"改成"丑",成为声符。耻(马春 75)本从心耳声,谯敏碑作耻,由于隶变当中"心"与"止"形近,且"止"与"耻"音近,于是写字人把意符"心"改成"止",使耻成为一个双声字。ҡ(老甲 183、195 等),《武威汉代医简》64 蒽字所从作恩,把 ҟ 改作"卤",使之成为既表音又表义的部件。

8. 把象形部分改成表意偏旁

《石鼓文·田车》的羁作 ҉,《说文》"羁,绊马也",《石鼓文》ҟ 中的"乚"正是马绊的象形。从羁的羁(羁)在隶变过程中写作羁(睡 20·188、张迁碑),把象形的马绊"乚"改成了表意偏旁"糸"("糸"后来被"革"取代)。

这类字说明有些汉字在隶变以后表意方式发生了由象形线条到表意偏旁的变化。

以上我们从八个方面介绍了有关表音表义的隶变。其中所举的例子,多是被后代所接受并当做正体使用的。实际上俗省字中也有一些有关表音表义的隶变,请参看第二章第二节"隶变阶段汉字成分的复杂性"里有关俗省字的举例和说明。

(三)隶变所遵循的基本规律

前面我们把隶变分成与表音表义无关的隶变和有关表音表

义的隶变两部分,对它的种种表现进行了较为详细的描述。如果我们透过这些纷繁复杂的现象来探讨隶变的基本规律,更能提纲挈领,深化对隶变问题的理解。

隶变所遵循的基本规律,主要有四条:

1. 保留原字的框架轮廓或特征部位

拿隶变后的字与隶变前的字比较,大多数很容易看出在形体上的相互联系。这是因为在隶变时,它们都保留了原字的框架轮廓或特征部位。

隶变过程中,字形变化最突出的部分往往是字的中部,如"夏""屈"将字的中部省去,"暴""衰""表""寒""塞"将字的中部省并,"采""橐"将字的中部拆散等等。这是因为字的中部的变化对字的框架轮廓影响不大的缘故。

也有些字,如"曹"和"秦",直接省去字上或字下的某些形体,但仍能保住原字的特征部位。

总而言之,正因为隶变保留原字的框架轮廓或特征部位,人们才可能把隶变前的文字跟隶书联系起来,接受隶书、理解隶书。

2. 顺应书写的需要

文字作为记录语言的工具,人们要求它书写起来既简便又迅速。

　　经过隶变以后,有些字减去了原字的部分形体,形体结构由复杂变得简单;有些字把曲线、弧线、半圆拉成直线、准直线或折线;有些字运用"连"的手段,把本不相连的线连在一起;有些字把本来连着的形体拆散。这样一来,简化、疏浚和改造了原字的笔道,使汉字的书写性能有了长足的发展。

3. 体现汉字表音表义的特点

　　古汉字的形体一般都能反映字的音义。汉字的这一基本规律,在隶变当中也充分地表现出来。我们在"有关表音表义的隶变"中所阐述的省形、省声、换形、换声、增形、繁声、把象形表意部分改成声符、把象形部分改成表意偏旁,都体现了汉字形体表音表义的功能和特点,维护了汉字结构的有理性。

4. 追求字势的匀称美观

　　心理学实验证明,每一个汉字都是一个"格式塔"①,人们面对着那些不尽完善、不尽美观的"格式塔",往往会产生一种改变它的强烈愿望,即所谓"完形压强"。这种"完形压强"是人们改变"格式塔"的根本动力②。事实上,有一些汉字,为求匀称美观,它们的形体发生了一系列变化。我们在"与表音表义无关的隶变"

---

① 杜学知《文字学论丛》86 页,台湾正中书局,1974 年 4 月第 2 版。
② 参看[美]鲁道夫·阿恩海姆著,滕守尧译《视觉思维》2~9 页,光明日报出版社,1987年 7 月第 1 版。

中所讲到的"添""移""曲""延""缩"就是很好的证明。

黄侃先生曾说:"古人于书非独记事载言而已,亦求美观,《吕氏春秋》载掣肘事,以掣肘不能善书为说,故知字形求美亦字体变迁之要也。"[①]与现代心理学实验不谋而合。

(四) 隶变方法是古汉字形变方法的继续和发展

弄清隶变方法与古汉字形变的关系,对于正确理解隶变是至关重要的。

与表音表义无关的隶变的基本方法,古汉字中早已有之。一期卜辞的 ⿰ (前 1·29·5)、周早期趞尊的 ⿰、周中期戜簋的 ⿰、周晚期散盘的 ⿰、⿰、袁盘的 ⿰、春秋秦公簋的 ⿰、徒公壶的 ⿰、曾伯匦的 ⿰,都运用了"连"的方法——把本不是一笔的线条连成一笔。一期卜辞的 ⿰ (菁 5·1)、周早期小臣遽簋的 ⿰(眉)、周中期颂鼎的 ⿰、春秋仕斤戈的 ⿰、邵钟的 ⿰、于赐钟的 ⿰、郑公华钟的 ⿰,都是"拆"——把连在一起的线条拆开。周中期不其簋的 ⿰、春秋匽侯簋的 ⿰、战国厵羌钟的 ⿰,都是"减"——减去原字的部分形体。五期卜辞的 ⿰ (佚 995)、周原卜辞的 ⿰ (周甲 50)、周早期父乙觚的 ⿰、战国子禾子釜的 ⿰,都是"直"——把曲笔拉直。

---

① 黄侃《文字声韵训诂笔记》27~28 页,上海古籍出版社,1983 年 4 月第 1 版。

　　《殷契粹编》960 的⊕、《殷虚书契后编》上 18·6 的☒、周早期何尊的☒、令鼎的☒、周晚期任氏簋的☒、春秋黏镈的☒、战国鳸羌钟的☒,都是为了字势的需要或书写美观而添加笔画。周晚期散盘的☒字,由于用笔的变化,导致字的重心转移,偏旁也跟着作了相应的移动。另外,黏镈上的☒、秦公簋上的☒,都是"曲"——把直线扭曲。齐侯壶的☒、盂鼎的☒、秦公镈的☒,都是"延"——把短笔延长。翼尊中的☒、彭史尊中的☒,都是"缩"——把长笔缩短。凡此种种,都与隶变过程中形变方法一脉相承。

　　有关表音表义的隶变所运用的一些方法,古汉字中也早已有之。甲文的☒(后下 5·1),从肉、高声,有时作☒(前 2·15·1),从肉,高声省去了一部分,这是古文字中的省声。甲文☒(京津2102)有时作☒(甲 2374),省去一个义符"矢",这是古文字中的省形。班簋的☒,鳸羌钟作☒,把形旁"☒"换成"土",是古文字的换形。墙盘的☒,瘝钟作☒,把声符"于"换成"禹",是古文字中的换声。甲文☒(后 2·18·10),望簋作☒;甲文☒(前 2·5·4),虢季子白盘作☒,分别在原字上追加"月"、"皿",属于古文字的增形。师袁簋的☒,毛公鼎作☒,属于古文字中的声符繁化。甲文丧作☒(粹 470),毛公鼎作☒,把原字下部改成☒,是古汉字中象形表意部分改成声符。甲文盥作☒(京津 3085)、齐侯盂作☒,是古汉字把象形表意部分改成表意偏旁。

　　以上举证足以说明,隶变的基本方法都来自古汉字的形变方法。但是,在古汉字阶段,这些方法的使用还只是零星的、偶然的,包括大篆都是如此。只有到了隶变阶段,这些方法才普遍地、大规模地使用。例如圆形、弧形、曲线的拉直,拆断的普遍使用,极大地破坏了符号的象形性,使隶变后的字形风貌与隶变前迥异。因此隶变的方法既是古汉字形变方法的继承,更是古汉字形变方法的发展。

六、隶变的巨大影响

（一）隶变对汉字的影响

1. 隶变对汉字结构的影响

甲骨文和西周早期的金文象形程度很高，几乎每个字的结构都可以理解和分析。西周中期以后，由于线条化和平直化的影响，汉字象形程度相对降低，但绝大多数字的结构都可以进行偏旁分析。大篆继承了西周晚期文字，虽然它的象形化程度进一步降低，但它的结构绝大多数仍具有理性，仍可以进行字形结构的分析。小篆也是如此。

然而处于隶变过程中的汉字，尤其是完成了隶变的汉字，情况就大不相同。就独体字而言，由于隶变的原因，象形字已不复象形。人们怎么也不会把 𠨰 跟女人的形象特征联系起来，把 𠃌 跟刀子的形象特征联系起来。至于合体字，也有相当数量的已不能再用六书进行分析。如赤本从大从火，《相马经》16 下作 赤，莫字从日从 艹，《老子》甲 19 作 莫，《孙子兵法》123 作 莫 等。尤其值得注意的是，隶变对汉字结构系统的破坏。隶变前的汉字，一个偏旁的写法在不同的字中基本上是一致的，故而当时的汉字具有较严密的组织性和系统性。隶变发生以后，这种情况遭到严重破坏。有时是同一个形体演变为不同的写法，有时是不同的写法演变为相同的形体。这两种现象通常被叫作隶分和隶合。前人把分隶和《说文》小篆进行比较，做了许多隶分和隶合的归纳工作①。这里我们不再赘述。

在隶变的不同阶段，隶分隶合的程度和规模并不是完全一样的。如隶变早期，隶分隶合的程度和规模就不如中期。也有这样一种情况，早期的隶分隶合现象，到了后期的隶变阶段却不见了。但无论如何，隶分和隶合都直接破坏了现有汉字的组织性和系统性，破坏了既有表音表义系统，使汉字更趋符号化。

由于隶分隶合的原因，导致了汉字偏旁部件的大量混同，对隶变过程中混同偏旁部件的归纳整理，既有助于我们了解隶变对汉字结构系统的破坏程度，又可以为考释隶变阶段的未识字提供依据，因此我们将其整理附录如下：

竹艸	辛立	卯叩
亻彳	日田	甾商
艸屮	邑卩	攴支

---

① 如顾蔼吉的《隶辨》、蒋善国的《汉字形体学》、姜宝昌的《文字学教程》等。

竹 千	刀 力	攴 夂
穴 宀	田 臼	舟 片
攴 夂	大 火	隹 隼
旡 夂	去 言	乂 非
亦 赤	乱 月	牙 耳
攴 又	士 土	萬 离
月 肉	王 玉	系 奚
戈 弋	丹 月	田 由
氏 民	万 于	大 亦
旡 冬	巳 几	喬 高
丰 羊	爻 文	熏 黑
查 茈	元 示	辛 亲
示 禾	隶 聿	重 童
田 曰	美 粪	目 日
片 斤	月 目	寸 方
吉 者	同 目	耒 耒
乃 弓	木 术	巴 㠲
東 柬	小 十	易 易
凡 閂	木 士	木 大
音 言	曰 日	朱 未
攴 刀	术 米	酋 酉
寸 刀	藋 萑	鬲 果
貝 鼎	力 几	豕 豖
刀 方	又 尹	般 股

瓜爪	丈又	匕止
广疒	申臾	靣面
分火	去缶	
生王	金全	
贝见	斤片	
羊半	辛羊	
心小	雨疟	
犬友	竟竞	
鱼角	月同	
兄只	旨自	
手于	毛手牛	
戊戈	吉告古	
久欠	井开丹	
瓦凡	㔾刃久	
系玄	矢夫天无	
系糸	戊成戌成	
攴朵	奴木六不六	

2. 隶变使现代汉字基本笔画形成

现代汉字的基本笔画是在隶变过程中形成的。

在隶变过程中,由于直、减、连、拆、添、移、曲、延、缩等手法的综合运用,现代汉字的基本笔画便开始形成。汉字笔画的形成因

字而异，极为复杂。我们在这里主要介绍点、撇、捺、勾等笔画形
成的基本情况。

点的形成：

利用原来的曲笔、短笔改点：

火(石)——火(碑)

犬(石)——犬(碑)

禾(陶)——禾(碑)

戈(石)——戈(碑)

扩(简)——扩(碑)

心(简)——心(碑)

馬(印)——馬(碑)

拆开字头为点：

六(陶)——六(简)

羊(简)——羊(碑)

立(石)——立(碑)

衣(石)——衣(碑)

省掉复杂字头，以点代之：

麗(简)——鹿(碑)

为区别形近字而加点：

王(金)——王(陶)玉(碑)

为书写美观而加点：

疒(简)——疒(简)

撇的形成：

把左行的线条改为撇：

刀(金)——人(碑)

豕(石)——豕(碑)

彡(简)——彳(简)

皮(简)——皮(简)

断线为撇：

手(简、石、陶)——手(碑)

禾(简、石、印)——禾(简)

　　角（金）——　角（金）——　角（碑）

　　勺（简）——　勺（简）

连线为撇：

　　支（简）——　丈（简）

　　犬（石）——　犬（简）

捺的形成：

主要是从改、断右行的曲线和直线而来，如：

　　人（石）——　人（碑）

　　衣（石、陶、印）——　衣（碑）

　　犬（印）——　犬（简）

　　与（陶、金、简）——　与（简）

　　欠（陶）——　欠（碑）

　　仓（简）——　仓（阜苍 35）

　　今（石）——　今（定县 19）

　　舍（简）——　舍（定县 70）

　　食（简）——　食（武威·士相见 12）

捺主要处在字的右下角和右上角,多与撇相对而成。

勾的形成：

勾在汉字中并不单独使用,它总是位于其他笔画的收笔处,与其他笔画构成横折勾、竖弯勾等。多与下一笔的书写有连带呼应关系。

上提笔成勾：

戈(石)——戈(碑)

鹿(简)——鹿(碑)

甩(简)——甩(简)

孑(石)——子(碑)

左收笔成勾：

皮(陶)——皮皮(陶)

也(简)——也(简)

连笔成勾：

帝(金)——帝(碑)

横、竖在隶书中占比例最重,他们的形成途径也很广泛。如把曲笔拉直成横竖、连笔成横竖、拆笔成横竖等。至于横折勾、竖弯勾等较为复杂的笔画，可以看做是两种笔画的组合。这些笔画隶书都已经有了。

3. 隶变对于汉字体态的影响

隶变后的汉字与隶变前的汉字在体态上的区别最为明显，这种体态变化主要表现在两个方面。隶变前的汉字用笔以曲笔为主，横笔和竖笔用得较少，尤其是竖笔，只用于某些单字和偏旁的中笔，这个特点决定了隶变前汉字的重心往往在字中，曲笔配置都以中线为基准，其四角的外部轮廓和整个字的形态，略呈椭圆形。

而隶变以后的汉字，曲笔已被拉直，连绵的线条被拆断，汉字已由点、横、竖、撇、捺等基本笔画构成。这时的汉字一个明显的特点是字的重心不再集中于中线，而移至水平面上。而且由于这些笔画的运用，字的四角多呈方形，整个字的形态也呈方形。因此我们认为方块汉字的形成是在隶变以后。

过去一般认为方块汉字的形成是在印刷术发明以后，未免失之过晚。而李圃先生认为方块汉字的形成上限应在甲骨文时期，也是很可商榷的。他说："编者曾对一千个甲骨文常见字的形体进行了十六字格编码统计，正方形和准正方形的字二百九十七个，占总数的百分之二十七点五，长方形和准长方形以及横长方形的字七百七十五个，占总数的百分之七十二点五。这个初步的统计表明，汉字的方块形体可以把上限推至盘庚迁殷以后的殷商。"[1]我们认为，方

---

① 李圃《甲骨文选读》，华东师范大学出版社，1981 年 6 月第 1 版。

块汉字的本质并不是字形能往方块里套,而是在于由丶、一、丨、丿、乀等笔画构成的汉字所具有的方正特点。

(二) 隶变对书面语言的影响

隶变对书面语言既有消极影响,又有积极影响。

1. 隶变对书面语言的消极影响

隶变对书面语的消极影响主要表现在通假字的增多和单字的混同上。

① 隶变阶段的通假字急剧增多。

我们曾经对睡虎地秦简、马王堆帛书、银雀山汉简、凤凰山简牍、武威汉简、武威汉代医简、大通孙家寨汉简、定县汉简、连云港花果山简牍、海州的木方、霍贺墓木方、云梦大坟头的木方等十余处数十批秦汉简帛中的通假字进行了全面的收集整理,在这些资料中,通假字的总数达一千多个①。这个数字相当可观。

甲骨卜辞里有许许多多的假借字,据吉林大学古文字研究室的统计,假借字在卜辞中所占比例在百分之九十以上②,后姚孝遂

---

①　见拙编《秦汉简帛通假字典》,待刊。
②　吉林大学古文字研究室《古文字研究工作的现状及展望》,载《古文字研究》第 1 辑,中华书局,1979 年 8 月第 1 版。

先生纠正此说，云所占比例为百分之七十四①，但那些多是本无其字的假借，真正的通假字是极少见的。以金文而言，陈抗先生在《金文假借字研究》②中，收金文实词通假字（除开干支字、方位字）二百五十三个（其中还包含一些本无其字的假借），可见金文通假字也不算多。事实上，春秋以前，真正的通假字是不多的，刘又辛先生说越早的文献中通假字越多③，是不符合实际的。我们认为，通假字的剧增是在战国秦汉时期。在秦系文字中，这个时期恰好与隶变过程相当。

　　通假字在隶变阶段中剧增，这绝不是偶然的。

　　首先，隶变使得很多字的形体失去了原来的字形对字义的"显示"功能，造成了字的形体与字义的脱节，这样，人们在用字的选择上常常会感到困惑，从而导致了通假字的大量产生。

　　其次，通假字否定字形对词义表现的特点，在性质上与隶变的对字的形体表现字义的否定倾向是一致的。既然通假字的剧增在隶变的背景下产生，它就可能受到隶变的影响和冲击。

　　再次，隶变造就了很多与词的音义失去联系的汉字，给人们的学习、识别和使用带来了极大的不便，因此人们运用形声法则对旧有汉字进行了大规模的改造。这种情况实际上是隶变刺激了形声字的剧增，而形声字的增多又为通假字的剧增提供了条件。

---

① 姚孝遂《古汉字的形体结构及其发展阶段》，载《古文字研究》第 4 辑，中华书局，1980 年 12 月第 1 版。
② 陈抗《金文假借字研究》，硕士论文，藏中山大学古文字研究室。
③ 刘又辛《通假概说》2 页，巴蜀书社，1988 年 11 月第 1 版。

② 隶变阶段中,大量形近字混同。

汉字从来就存在着一些形似字。如甲骨文的犬和豕、竝和替、尸和弓等①。这些字容易引起误认②。以后金文中也有类似的情形。

隶变以后,由于字形的剧烈变化,一些形似字严重混淆。如果单独拾出,已无法辨认。要区别这些形似字,必须认真体会原文,参以形体知识,细细推勘。例如《武威汉代医简》6"治伤寒遂风方","遂"为"逐"字之讹。第68"逐服之","逐"为"遂"之讹。我们所以知道"遂"和"逐"混同,是因为在理解原文时,发现"遂"或者"逐"按它本来的意义在句中讲不通,于是根据句子定下它的意义的基调,再沿着形体的线索去寻求本字的结果。这个过程和由通假字寻求本字的过程是很相似的③。

隶变阶段中出现的单字混同现象很普遍,其中有较常用的字,也有较生僻的字,今列举若干如下:

闲　　〈阙〉(睡编 13 壹、14 壹)

早　　〈旱〉(睡秦 2)

旱　　〈皂〉(睡秦 13)

壹　　〈壶〉(睡秦 47、100)

囍　　〈蘱〉(睡秦 88)

---

① 姚孝遂《契文考释辨证举例》,载《古文字研究》第 1 辑,中华书局,1979 年 8 月第 1 版。
② 这一点,甲骨文时代的形近讹变就可证明。参见张桂光《古文字中的形体讹变》,载《古文字研究》第 15 辑,中华书局,1986 年 6 月第 1 版。
③ 参看黄侃《求本字捷术》,载《黄侃论学杂著》,上海古籍出版社,1980 年 4 月第 1 版。

傅　　〈傅〉(睡杂 8)

中　　〈甲〉(睡法 136)

禦　　〈禦〉(马春 7)

衞　　〈衞〉(马春 62)

寧　　〈宰〉(马春 62)

勒　　〈勤〉(马春 96)

代　　〈伐〉(马春 31)

日　　〈甘〉(马春 80)

扶　　〈扶〉(马春 89)

生　　〈王〉(马春 95)

筍　　〈苟〉(马战 17)

相　　〈伯〉(马战 50、51、52)

脊　　〈齊〉(马战 67)

堅　　〈竪〉(马战 127)

戎　　〈戍〉(马战 141)

易　　〈易〉(马战 142、153)

式　　〈戎〉(马战 147)

芯　　〈笑〉(马战 267)

白　　〈曰〉(马老甲 148)

道　〈遗〉（马老甲 32）

善　〈若〉（马老甲 52）

與　〈興〉（马老甲 200、225、287）

日　〈日〉（马老甲 37）

谷　〈合〉（马老甲 159）

沸　〈涕〉（马老甲 185）

设　〈诗〉（马老甲 212）

士　〈土〉（马老甲 314）

哀　〈充〉（马老甲 415）

枯　〈桔〉（马战 424）

大　〈六〉（马老乙 27 上）

涅　〈淫〉（马老乙 100 上、101 上）

私　〈和〉（马老乙 103 下）

止　〈乏〉（马老乙 105 下）

绎　〈總〉（马老乙 124 上）

土　〈之〉（马老乙 135 下）

天　〈大〉（马老乙 179 下）

鄉　〈卿〉（马老乙 198 下）

鼓　〈鼓〉（武医 15）

霾   〈霪〉(马五 21)

尾   〈戻〉(马五 48)

魃   〈魃〉(马阴 88)

沽   〈活〉(马阴 88)

　　单字的混同有些是一时一地的、轻度的,也有一些其混同的
程度很深,成为后世校勘学、训诂学的艰巨课题。如勑和敕字。
礼器碑说"韩明府名勑字叔节",繁阳令杨君碑阴说"故吏程勑伯
严",其中的勑都是人名,《说文》:"勑,劳也。从力来声。"古人的
名和字的含义都有关联,其中大多数是相符的。韩勑和程勑分别
字叔节和伯严,与"劳"的意义不类。这里的勑是敕(又作勅)的误
字,《说文》:"敕,诫也。从攴束声。"在传世古籍中,把勑写作勑的
比比皆是。如:《易·噬嗑》:"先王以明罚勑法。"《书·皋陶谟》:
"勑我五典五惇哉。"《益稷》:"勑天之命。"《康诰》:"惟民其勑懋
和。"《多士》:"勑殷命,终于帝。"《诗·楚茨》:"既匡既勑。"各例中
的勑都应读作 chì,通饬。皆其证。
　　隶变阶段中通假字的急剧增多和单字的大量混同,使人们阅
读时常常容易碰到疑点和难点,减慢了阅读的速度。从而成为影
响书面语的两个突出的消极因素。

2. 隶变对书面语的积极影响

　　对于书面语言来说,它的符号和符号所承担的意义越是单纯

明晰,则书面语的质量就越高,阅读速度也就越快,隶变之于书面语,正是朝这个方向迈进了一大步。

隶变使得书面语的符号本身更单纯。

隶变后有更多的独体字和合体字变成既不表义又不表音的"记号",这些记号本身无形义可言,因而不可用六书分析。在阅读时,它们再不会因为有丰富的形义而干扰视觉、影响阅读的速度。那些象形表意功能在衰退的独体字和合体字也向符号本身的单纯化迈进了一步,在某种程度上提高了阅读的速度。

隶变还使得书面语的符号本身更明晰。

首先是隶变过程中部分多义字发生了分化。由于假借和词义引申的原因,古汉字中有一大批多义字。多义字是书面语中不可避免的现象,但如果超出一定的限度,就会影响语言的明晰度。隶变阶段中创造了一批分化字,从一定程度上缓解了多义字与语言清晰度之间的矛盾。其次是隶变阶段中形近字的分化。古汉字中的某些形近字,在隶变中形体发生了变化,导致了字形混同。于是写字人对混同的某一方进行处理,使其具有明显的个性特征。如玉字为与王区别在字上加点,七字为了与十字区别把竖笔斜曳,均属此类。【许嘉璐先生在 1994 年 5 月 11 日给笔者的来信中指出:"隶变对书面语之影响,或可再作补充。如隶变或曾以其明晰且较便于书写,而促使更多、更大之论著出现,写者众,所写多,其技巧自当加速提高,且与口语之分野亦日益大矣。"此说甚为有理,谨录于此供读者朋友们参考。】

(三) 隶变使书法艺术进入一个新阶段

书法是用笔书写汉字的艺术,它的历史很悠久。郭沫若先生说:"本来中国的文字,在殷代便具有艺术的风味。殷代的甲骨文殷周金文,有好些作品都异常美观。留下这些字迹的人,毫无疑问都是当时的书家,虽然他们的姓名没有留传下来。"①

诚如郭老所言,甲骨文、金文的某些书法作品是很精美的。但总的说来,在古文字阶段,由于字形的基础是象形,使书法艺术创造受到许多掣肘。正是因为如此,进入春秋以后,书写者便通过附加形体(与字音字义无关的符号)来追求字的形态美。据我们粗略归纳,当时使用的附加形体有:丶、一、廿、凵、卩、∥、彡、三、丨、八、丿、丶、臼、六、乞、匚、米、二、廾,以及鸟形虫形等。江淮流域一些国家的文字还通过使线条扭曲变形的方式来达到某种美的需要。这种使线条变形和从字的外围来美化字形的做法,虽然可能与某些民俗有关,但同时也说明其内部表现的局限性。

大篆似乎没有出现过美术化的倾向,但大篆都是典型的"玉箸体",线条粗细均匀,偏旁结构规范化程度较高。从大篆的书法看,它的艺术表现主要反映在字形结构上,其构形线条则比较单调。而隶变后的汉字就大不相同。隶变后的汉字从线条中分化

---

① 郭沫若《古代文字之辩证的发展》,《考古》1972 年第 3 期。

出丶、一、丨、丿、丶等基本的构字单位。这些笔画可谓仪态万方、变化无穷，那么由它组合而成的形体结构就更加富于艺术性。而且扬弃了随体诘屈的蜿蜒线条后，每个字的笔画数较固定清楚，书写起来有较强的节奏感。

七、隶变的性质

（一）隶变不是质变

蒋善国先生在《汉字形体学》里明确指出,隶变是汉字发展史上的质变。这一观点影响甚大,至今仍是主流派的看法。

隶变究竟是不是质变? 解决这个问题首先必须弄清什么是质变。

《辞海》对质变的解释是这样的:

> 质变,哲学名词,同"量变"相对。指事物从一种质向另一种质的突变或飞跃,即"渐进过程的中断"(列宁)。它是由事物的量达到一定程度而引起的显著的根本性质的变化。

根据这一解释,质变是事物的根本性质的变化。因此隶变是不是质变,要看它是否改变了汉字的根本性质。

关于汉字的性质,人们从不同角度提出了不同的看法。我们认为,汉字的性质主要体现在汉字与汉语的关系以及汉字符号本身的特性两方面。

从汉字与汉语的关系看,汉字记录着汉语的词或词素,代表着一个音节。汉字的这个特点,隶变前后是一致的。在殷商西周和春秋时代的传世与出土文献里,汉语绝大多数是单音词,一个汉字记录着一个词,同时也出现了不少复音词,记录这些复音词的几个汉字,分别或同时记录着汉语的词素。隶变以后,汉语复音词增多,但仍是单音词和复音词并用,汉字仍然记录着汉语的词或词素,代表着一个音节。

从汉字符号本身的特点看,汉字符号是由音符意符和记号组成的。裘锡圭先生说:"汉字在象形程度较高的早期阶段(大体上可以说是西周以前的阶段),基本上是使用意符和音符(严格说应该称借音符)的一种文字体系;后来随着字形、字义等方面的变化,逐渐演变成为使用意符(主要是义符)、音符和记号的一种文字体系。"[①]

根据裘先生的结论,汉字在西周以后就已演变成为使用意符、音符和记号的文字体系。隶变是从战国中期开始的,隶变前后汉字符号成分的类型,并没有什么不同。

可见,隶变并没有改变汉字的根本性质,隶变不是质变。

【李宇明先生 1994 年 5 月 20 日给笔者来信指出:"关于隶变

---

① 引自裘锡圭《汉字的性质》,《中国语文》1985 年第 1 期。

是不是质变的问题,似可再考虑。相对于汉字与汉语的关系来看,隶变是不能算质变。但是就字体的演变领域来看呢,质变和量变是就一定领域来言的。这样看也许辩证些。"李先生的看法对于弥合分歧是很有帮助的。】

(二) 隶变不是古今汉字的分水岭或转折点

《辞海》对"分水岭"的解释是:

> 相邻两流域之间的山岭或高处。地表径流,沿着两侧斜坡注入不同的河流。

如果把隶变比作古今汉字的分水岭,那么,就把古今汉字比作了"两流域"或者同一"径流"的两个分支。这显然是不妥当的,因为古今汉字只能说是汉字历史长河的不同阶段。

《现代汉语词典》对"转折点"的解释是:

> 事物发展过程中对改变原来方向起决定作用的事物,事物发展过程中改变原来方向的时间。

如果把隶变比作古今汉字的"转折点",就意味着隶变改变了汉字发展的方向,这也是不符合事实的,因为古今汉字发展的总的方向是一致的。

（三）隶变不是突变

"突变"是指"突然急剧的变化"（《现代汉语词典》）。隶变继承了古汉字的形变方法，其过程连绵数百年，具有明显的连续性和阶段性，不是"突变"，而是渐变。

（四）隶变是对汉字书写性能的改革

隶变发生在战国中期的秦国，当时诸侯混战，国无宁日。严酷的环境改变了人们慢条斯理的固有节奏，国家机器和人民生活进入快速运转的阶段，小篆那种舒徐缓慢的书写节奏已与现实生活极不合拍，改革小篆的书写性能成为历史的必然。

最早的隶变实例主要出现在兵器上，这是由于战争造成的。战争需要许许多多的兵器，所以兵器制造业紧张而繁忙，与之相适应，兵器上的文字刻得非常草率。书写草率是因为写得太快，而写得快又改变了汉字的书写性能。

在隶变的不同阶段，汉字的书写性能处在不断的改进之中。后一阶段的汉字比前一阶段的汉字更为简化，更便于书写，这说明隶变的过程是汉字书写性能不断改进的过程。

汉字在不断的发展演变中,也有相对稳定的时期,譬如八分以后。为什么汉字会在八分形成以后保持相对稳定呢? 除了汉武帝以后社会政治的需要外,还有一个重要原因,就是八分经过改进以后,形体比较固定,书写性能暂时满足了人们的需要。

因此,从隶变的全过程看,隶变是对汉字书写性能的改革。

八、隶变阶段未识字考

这里所考释的，是有关隶变阶段的未识字，它包含两方面的内容，除了在时间上属于隶变阶段的以外，还有按时间序列在隶变之后，而按逻辑序列应属于隶变当中的字。譬如"汉印文"，其中有相当一部分是属于魏晋南北朝时期的[①]，在时间序列上并不属于隶变阶段。但我们还是对《汉印文字征》《汉印文字征补遗》附录所收的字进行了考释，因为"汉印文"无论在形体结构还是在用笔上都受到隶书的影响，在逻辑序列上应该放在隶变阶段中。

我们是在全面认识隶变阶段、隶变的现象和规律的基础上来识字的。我们觉得，考释隶变阶段的未识字，首先必须特别注意用发展变化的眼光来看问题。隶变是汉字史上一次剧烈的改革，汉字的线条形态、偏旁结构都发生了空前巨大的变化。同一个偏旁或单字演变为多种异体，不同的偏旁或单字发生了混同或通用。这些都给识字带来了困难。因此考释隶变阶段中的字，既要注意到点画偏旁的分析，更要注意到点画偏旁的演变。其次，隶

---

① 　参见罗福颐《汉印文字征补遗》序，文物出版社，1982 年 12 月第 1 版。

变阶段中汉字成分的多样性也很值得重视。隶变阶段中汉字成分相当复杂,有与西周金文、籀文和古文结构相同相近者。未识字中,也有不少字的结构是和古体字相同相近的。最后,必须熟悉隶变阶段各门类的文字资料及其特点。

　　本章所考隶变中的未识字凡四十余,从考释的角度,略可分为五个大类[①]:

(一) 据金文、籀文、古文释字

　　在第二章中,我们举了很多例子,说明隶变阶段中与西周金文、籀文、古文相同相近的古体字的存在。隶变阶段中还有一些未识的古体字,要释读这些古体字,必须引金文、籀文、古文为证。应当指出,隶变阶段中的古体字,由于受到隶变的影响,从用笔到结构,或多或少地发生了一些变化[②]。因此,释隶变阶段的古体字,既不能太机械、太拘泥,又不能太大胆。必须做到以金文、籀文、古文为依据,用隶变规律来求其变。

　　(1) 𩰱(瓦印文 1065),《秦代陶文》释頌。按此字从首从幺,应释为縣。

　　縣是会意字,象悬人头于木上,金文作𥛲(縣妃簋)、𥛲(邵

钟)。𦤶是在金文的基础上省掉了木,为小篆縣字所从出。

(2)𦙶(秦陵二号俑坑俑上刻文),《秦代陶文》释肯。

按肯字汉帛书作𦙶(战187)、𦙶(老乙155下)等形,俑文与肯字不类。袁仲一释之为肯,是从楷书出发而误释的。

此字与汉帛书𦙶(五236)字所从𦙶结构略同而字形更古,知为胏字。胏字金文中已有,结构与俑文相似。

(3)𣥺,《古陶文字征》入于附录。此字与中山王壶𣥺字结构同,应即齿字。

(4)𦙶(徐~),《汉印文字征》收录,不知何字。《先秦货币文编》盧有作𤼣者,上部作𤼣,与印文上部结构同。而且,《古币文编》膚直作𤼣,与印文结构全同,故印文应释为膚。膚字汉代或用为人名,如冯膚、诸膚等(《汉印文字征》4·12)。

(5)𩵋(纳功~校丞),《汉印文字征补遗》13·6隶作勇。

(6)𩵋(成~願),《汉印文字征补遗》2·5隶作徫。

以上二字所从与勇字不类(参见《汉印文字征》13·16勇字下),应分别隶定为旁、徬。旁字,石鼓文作𩵋(滂、鳑的偏旁),秦汉简帛作𩵋(睡6·79·36)、𩵋(五238)。印文𩵋和𩵋的𩵋与之近似,当释为旁。

(7)𨒦(会之~印),《汉印文字征》入于附录。

此字从辶从𦥑,前者是辵字(参见《汉印文字征》卷二),后者是虐字古文的省变。信阳长台关一号墓竹简虐作𦥑,《说文》古文作𦥑,均从虍、从口,与印文所从结构相同。则𨒦可隶定为遽。

(8)𢆶(巫马~印),《汉印文字征》入于附录。

战国楚系文字中铸作𨰻(鄂君启节、酓忎鼎等)、𨰻(铸客鼎、

"黄铸"印①),知印文所从罂当即铸字。

以声类求之,罃当是筹之异文。《说文》:"筹,壶矢也。从竹,寿声。"金文铸之异文作鬻,而铸从寿声。故筹可作罃。

山西祁县1963年出土一布,上有𨟻,《古币文编》隶作鄙。此字从邑盋声,或者就是郘字。

(9) 𤇾,见于处士许岐等题名残碑阴,《秦汉魏晋篆隶字形表》入于附录。

此字应释为烱,从火间声。灬由火变来,隶变阶段中位于字下的火旁常写成平行分布的四点。𤇾为间之省。间字战国古文作𨳿(曾姬无卹壶),作偏旁时省作𤇾,《我国古代货币的起源和发展》图版贰肆有一布,铸有"上𤇾",𤇾即间字。汉代间也作𨳿,省作𤇾,如《孙膑兵法》212简作𤇾②。

(10) 𣓏(~德),《汉印文字征》入于附录。

按,《说文》古文旅作𣓀,从甲骨金文可知,止为"从"之省,下部为两个人形粘连。𣓏与古文旅结构相同,只是运用篆书笔法而已。因此应释为旅字。

汉印中有旅姓,如"旅克之"(《汉印文字征》卷七)。

(11) 𧅁(~少孺),《汉印文字征》入于附录。

大徐本《说文》毒字古文作𧅁,印文结构与之相同,当即一字。

毒字古文《汗简》引作𦽡,《古文四声韵》引作𦽡,小徐本《说文》作𦽡,皆从竹,与大徐本《说文》不同。在毒的两个古文之间,

---

① 《湖南省文物图录》图版59收录,周世荣《湖南楚墓出土古文字丛考》释为"黄鉌",误。印文作罂黄,当释为黄铸。
② 参见《秦汉魏晋篆隶字形表》1655页,汉语大字典字形组编,四川辞书出版社,1985年8月第1版。

前人曾试图作出取舍。郑珍就认为当以锴本为是①。我们认为，这两个古文都源远流长，各有理据，宜视之为异体。

汉印中有毒姓，如"毒宣私印"（《汉印文字征》卷一）。

上面，我们根据金文释出了縣、寿、齿、膚，据籀文释出了旁和徬，据古文释出了炯、筹、遽、旅和毒字。

（二）据隶变时字形省变移位的惯例释字

在第五章里，我们对"与表音表义无关的隶变"进行了较全面的分析，总结出直、减、连、拆、添、移、曲、延、缩等九种惯例。这些都是我们考释隶变阶段中未识字的依据②。如：

（12）𡲆（胡子～印），收入《汉印文字征补遗》附录，当是尉字。《汉印文字征补遗》10·3 尉作𡲆，与𡲆非常接近。𡲆字把寸下一横改成直画，尸下二横画中，一画省去，一画与彐连在一起。

（13）巢（张～），《汉印文字征》入于附录。马王堆帛书巢作巢（五262）、巢（老乙145上），印文上部与之相同。

印文下部是木之省，汉印中，木字往往减掉上面一横，如乐作樂（《汉印文字征》6·9）。

汉代"巢"常用为人名，《汉印文字证》6·14 也有"张巢"。

_____

① 见《汗简笺正》，光绪刊本。
② 由于一个未识字的形变往往与一种以上的隶变惯例有关，因此，我们不想把每一个具体字分属到每一条例之下。

（14）⿰𦮼𨙻（～便），《汉印文字征》入于附录。

此字为都。右边所从为邑，与郏、郶等字所从阝旁相同（参见《汉印文字征》卷六）。字的左旁与青川木牍 ⿱⺾若（若）结构相同，是若之省体。汉印若作⿱⺾𠮠（《汉印文字征》1・17）。⿰𦮼𨙻字减去⺾的一部分是为了刻印时结构的需要。

（15）鉛（铜盘～镫），见于东海宫司空盘，《金文续编》入于附录。

综合文例看，当为铝字。印文吕作吕之形（参见《汉印文字征》卷七），从两"口"。口在汉印中常被写作⌒（如𧱬，见《汉印文字征》卷七），⌒又进一步写作⌒（如𧱬，《汉印文字征》附录），铭文中的 个 即由⌒变来。

铝字春秋时已经出现。購遝儿钟作鉛，邵钟与之相似。铭文说"吉金铸铝"或"玄镠鏽铝"。和"铜盘铝镫"一样，其确切含义有待于进一步研究。

（16）⿱公心，《汉印文字征》隶于忞下。

印文为"陈～私印"，知⿱公心为人名。汉印文"志"常用为人名，疑此字为志之讹变。《战国纵横家书》142 志字所从⑪作⑴，《五十二病方・十问》69・25 写成 少，与印文中的 火 结构相同。

（17）目，《秦代陶文》隶作"回"，回字的写法与此不类。此字应即耵，"耳垂也，从耳下垂，象形"。耳，《汉印文字征》12・5 作目。耵中之耳为耳之裂变。

（18）罘，见于延光残碑，《秦汉魏晋篆隶字形表》入于附录。

此字下从木，上部所从与史晨碑的坐、魏中尚方帐构铜的坐相同，即坐字。则罘可释为桫字，只是偏旁易位而已。桫字收录于《广韵》《集韵》中。《广韵》："楂,《尔雅》云,痤楂、虑李,今麦李也。或从木。"《集韵》:"楂、槠木以殡也。"前者音昨禾切,后者音徂丸切。

(19) ☐(陈~),《汉印文字征》入于附录。

(20) ☐(尹~私印),《汉印文字征》入于附录。

这两种形体是同一个字。与印文参字比较,字的下部增添"⺅"形。按此当即傪字,"⺅"即人旁。汉印中为了字的结构紧凑,往往将人旁从左边移到字下某一个角落,如佗、㝅、佛等(参见《汉印文字征》卷八,《汉印文字征补遗》卷八)。

汉印中有称李傪者,见于《汉印文字征》卷八。

(21) ☐(君~),《汉印文字征》收入附录。

(22) ☐(砖印文),《秦代陶文》释为疢。

二字所从丩与收字左边"丩"同(《汉印文字征》3·21 收下),知是丩字,则☐字当隶定为觓,☐当隶定为疛。觓字见于《说文》角部:"觓,角貌。从角,丩声。诗曰,兕觥其觓。"此处用为人名。疛也收入《说文》,曰:"腹中急也。从疒,丩声。"

(23) ☐(方~之印),《汉印文字征补遗》入于附录。

此即将字变体。与将的一般写法相比,不同之处在于:"又"换成"攴",并互易了攴、月(肉)的位置。汉印中,又攴常通作,如竖或从攴,变、更或从又等(见《汉印文字征》卷三),偏旁易位也数见不鲜。

汉代有名"将之"者("将之印",《汉印文字征》卷三)。《汉印文字征》卷四脩下收☐(方~之印),字亦可释为将,为将之省体。

(24) ☐,《汉印文字征补遗》8·1 隶于佗下,误。

此为禹字。青川木牍离字禹作🀄,从⼄从虫①。🀄字的结构
与🀄同。印文禹的⼄字上卷,是因为🀄尾长曳的缘故。为使结
构疏朗匀称,刻印时往往有意改变线条的走向。

(25) 🀄,见于阜阳双古堆西汉汝阴侯墓竹简(《文物》1978
年8期),《秦汉魏晋篆隶字形表》入于附录。

按十92·14、天29都有痤字,后者作🀄。知🀄当为痤字,
🀄由🀄变来。从字体看,🀄为八分笔法,用八分笔法写横画时,
起笔时往往逆入藏头,收笔时上挑,故横画会变成🀄。

从文例看,释🀄为痤极为融通。

(26) 🀄(贾~),《汉印文字征补遗》入于附录。

此字当隶定作杂。杂字不见于《说文》,但《说文》中染字用它
作声符。"🀄,以缯染色也。从水,杂声"。史侯家染杯中染作🀄,
养49作🀄,所从杂结构与印文同。只是印文杂中的一撇拉得较
长而已。

(27) 🀄(~光印信),《汉印文字征》入于附录。

此字当释为衞字。衞字汉简帛文字作🀄(甲459)、🀄(春
46)。与简帛文字相比,印文将某些笔画扭曲延长,但两者结构是
一样的。

(28) 🀄(~贤),《汉印文字征补遗》收入附录。

《战国纵横家书》235有🀄字,从手从呆,是抱的异体字。🀄
字的结构与🀄相同,只是将木的中笔延长,故可释为抱。

古有抱姓,《中国人名大辞典》附录《姓氏考略》:"其先姓杞,

---

① 何琳仪《战国文字通论》259页,中华书局,1989年4月第1版。

汉灵帝时,杞匡为安定太守。董卓为暴,惧诛,因易姓为抱。"汉有名"抱阗"者。

（三）据隶变时形、声、义符省增变换的惯例释字

在第五章里,我们分析了"有关表音表义的隶变",其中省形、省声、换形、换声等隶变惯例,为我们释读隶变阶段中的未识字提供了事实和理论上的依据。如:

(29) 𧾷（～寿）,《汉印文字征》入于附录。

从字形分析,当从止,習声。止是足之省。《说文》跟或省作𧿧,可证。

習和翼本来是一个字,所从白和曰都由日字变来。《说文》:"習,数飞也","翼,飞盛貌",知二者字义相近。習在缉部邪母,翼在葉部透母,语音亦接近。古文字中只有習没有翼,足证其本为一字。故知𧾷应即𨇁字。

古有𨇁姓,《姓氏寻源》:"突厥部有𨇁氏,亦或鲜卑𨇁顿之后。"

(30) 甫（薛～）,《汉印文字征》收入附录。

此是掌字,从手尚省声。手字帛书《老子》甲本大都作㞢（如82、317、323、325等）,睡虎地秦简同此。知印文所从㞢是手字。《战国纵横家书》53 掌作𢁢,汉印或作甫（《汉印文字征》12·7）,与甫字相比,除多一"口"外,其余全同。印文中,声符尚可省作

㣺(如郿,见《秦汉魏晋篆隶字形表》附录),故掌可作用。

(31) 朝(王~),《汉印文字征》入于附录。

此字为霸之省,佚法 28 上、34 下、35 上、53 上、佚十 146 上、银守 875、932、933、银尉 676 霸皆省作朝。霸在汉代常用为人名,除此之外还有"辄霸"等(《汉印文字征补遗》7·2)。

(32) 俭(永为德~),见于《幽州书佐秦君阙铭》,《秦汉魏晋篆隶字形表》入于附录。

此字当为临字。临字秦简作睑(睡 81·50·1、83·37·1、81·51·1 等),定县简作临(定 79),汉碑作临(史晨碑、赵君碑)。字的右边与《秦君阙铭》所从相同。

俭的左旁与隶变阶段人旁的写法一致,当隶作亻。汉字中亻、臣因义近可以通作,如石经古文僕作㵸,《说文》则作㸯。因此俭可释为临。

(33) 轟(~巴),《汉印文字征》入于附录。

此字从车从尹,可隶定作軐。为使结构紧凑,印文移动了部件。軐字从车从尹合文,为形声字,从车尹声。以声类求之,当是辒字。尹君同是文部字,声纽一在喻母,一在见母,可以通转。马王堆汉墓帛书《老子》甲本卷后古佚书《九主》367 君通尹,《古陶文字征》241 郡或作屙和䣧,即其证。

《说文》辒下说:"輼车前横木也。从车,君声。读若群,又读若裈。"印文用为人名。

(34) 壴(宗~、狡~),《汉印文字征》入于附录。

(35) 壴(郎~),《汉印文字征》入于附录。

上二字即《说文》墥字。后世写作踵。"畺,厚也。从壬,东声",故东重可以通用。如钟作𨯧(簏平钟),或作𨯧𨯧(属羌钟)等。

(36) ⿰月又,见于长沙砂子塘西汉墓封泥匣(《文物》1963 年 2 期),《秦汉魏晋篆隶字形表》入于附录。

此字从月(肉)从又,当释为肘字。汉代寸又通作,如曼、叔、度等或从又或从寸(参见《秦汉魏晋篆隶字形表》卷三),故肘字或从又。

原文为"……㮇吴肘胫□",知释 ⿰月又 为肘是颇有理据的。

(37) 𦩻(～朝印信),《汉印文字征》入于附录。

此字从艸从胎。从形音求之,殆为莒字。莒见于《说文》,"从艸吕声"。汉印中有莒姓,如"莒常之印""莒登之印""莒寿"等(参见《汉印文字征》1.9)。

(四) 据隶变形近混用的惯例释字

隶变阶段中,一些字、一些偏旁因形近而产生混用。这一点,我们在第六章中举了很多例子加以说明。隶变过程中的某些未识字,也可以根据形近混用的惯例来加以考释。如:

(38) 𦳱(～汉昌),《秦汉魏晋篆隶字形表》入于附录。

此字当释为藉,《汉印文字征补遗》1·5 藉作𦸖(～靓),相比之下,𦳱字所从𦳇在𦸖的基础上有所省变。藉字汉印中一般作𦸖,所从耒由𦳇演变而来。而𦳇为新字所从,由𦳇演变而来。藉字从𦳇,当是耒、𦳇形近混用所致。

藉在汉印中常用为姓,除此之外,还有"藉靓""藉偃"等。

(39) 麤(～都),《秦汉魏晋篆隶字形表》入于附录。

此字从鹿从木。汉印中从禾的字或从木作,如廪或作廪(《汉印文字征补遗》5·5)。故麤可释为麓字。

(40) 踢(赵子～印),《汉印文字征》入于附录。

此字当为踢字。昜即易之讹变,曰由日字变来。昜与易每混用。如《汉印文字征》11·11汤作湯(白～之印)、张黑墓志阳作陽;而《汉印文字征》6·17赐作賜(石～)。

(41) 衺(～广宗印),《汉印文字征》入于附录。

此字应为衺。字下屮本作乀。睡虎地秦简1084裘作裘,汉代铜花镜衣作夲,知屮、乀混用,由来已久。

汉印中衺姓甚多,如"衺妾私印""衺明之印""衺欣之印""衺乡之印"等(参见《汉印文字征》8·15)。

(42) 塑(乐～),《汉印文字征补遗》收入附录。

此塑字。所从舟即刀,汉印中利、初、则、辨等字所从刀旁常作舟(参见《汉印文字征》4·5-17)。

帛书塑或作塑(战250),从"夕"而不从"月"。印文所从舟即从夕字讹变而来。其讹变过程与鬮(曾姬无卹壶、随县简)变为鬮(《说文》古文)相似。

汉印中塑常用为人名,如"戴塑私印""谷塑私印""公孙塑印""张塑私印"等(参见《汉印文字征》卷八)。

(43) 刔(赵～私印),《汉印文字征》入于附录。

此字当释为初。从力是刀的混用。印文勋、功、劈、动或从刀作(参见《汉印文字征》卷一三),即其反证。

汉印中初常用为人名,如"王初""许初私印""黾初宫印""郑初私印""綦母初印"等。

(44) 𢓊(～尉之印),《秦汉魏晋篆隶字形表》入于附录。

此字当为徙,睡虎地秦墓竹简徙皆作𢓊,医书《养生方》78 作𢓊,与印文同。

(五) 据隶变的渐变规律释字

我们在第二章中指出:隶变是一个较长的渐变的过程。对于某一个单字来说,在隶变的不同阶段,不同环节上,具有不同的形态。因此,掌握隶变的渐变规律,对于释字非常重要。如:

(45) 𢓊(赵～之印)

(46) 𨳿(～猜私印,又𨳿见于十六年鉴)

(47) 𠊛(～贤之印)

三字都收在《秦汉魏晋篆隶字形表》附录。它们的共同之点在于从 史,《秦汉魏晋篆隶字形表》隶定为史。史字在睡虎地秦简、《战国纵横家书》中凡七十余见,上部皆作 中 中,汉印中绝大多数也作 中(参见《汉印文字征》卷三)。而夬字睡虎地秦简近二十见,上部皆作 𡳇 或 𡳇,帛书《战国纵横家书》也是如此。这说明秦汉之际史、夬的区别是比较明显的。因此上列三字所从 史 应隶作夬,三字应分别隶定为快、閦、佚。

閦见于《广韵》《集韵》,音"呼决切",《集韵》"閦,閵閦,无门户也。"閧闕当为一字。在上古厥在月部见母,闕在月部溪母。韵部相同,声母同为牙音。《释名》:"闕,缺也。在门两旁中央缺然为道也。"閧的解释应与之相同。《集韵》把閧闕分为二字,臆解为"无门户也",恐误。

闕姓见于汉印,如"闕稺孺"(《汉印文字征补遗》7·3)、"闕甲"(《汉印文字征补遗》14·4)。

佚字不见于字书。

主要参考文献

一、简 帛 类

释青川秦墓木牍	于豪亮,文物 1982 年第 1 期。
睡虎地秦墓竹简(睡)	睡虎地秦墓竹简整理小组编,文物出版社

1977 年 9 月第 1 版。

编年记(编)

南郡守腾文书(南)

秦律十八种(秦)

效律(效)

秦律杂抄(杂)

法律答问(法)

治狱程式(治)

为吏之道(为)

云梦睡虎地秦墓 云梦睡虎地秦墓编写组编,文物出版社

1981 年 9 月第 1 版。

马王堆汉墓帛书[壹]   国家文物局古文献研究室编,文物出版社 1980 年 3 月第 1 版。

老子甲本(老甲)

老子甲本卷后古佚书(老甲佚)

五行(行)

九主(九)

明君(明)

德圣(德)

老子乙本(老乙)

老子乙本卷前古佚书(老乙佚)

经法(法)

十六经(十)

称(称)

道原(原)

马王堆汉墓帛书[叁]   马王堆汉墓帛书整理小组编,文物出版社 1983 年 10 月第 1 版。

战国纵横家书(战)

春秋事语(春)

马王堆汉墓帛书[肆]   马王堆汉墓帛书整理小组编,文物出版社 1985 年 3 月第 1 版。

足臂十一脉灸经(足)

阴阳十一脉灸经甲本(阴甲)

脉法(脉)

阴阳脉死候(死)

　　　　　　五十二病方(五)

　　　　　　却谷食气(却)

　　　　　　阴阳十一脉灸经乙本(阴乙)

　　　　　　导引图(导)

　　　　　　养生方(养)

　　　　　　杂疗方(杂)

　　　　　　胎产方(胎)

　　　　　　十问(十)

　　　　　　合阴阳(合)

　　　　　　杂禁方(禁)

　　　　　　天下至道谈(天)

马王堆汉墓帛书《六十四卦》释文　文物 1984 年第 3 期。

马王堆汉墓帛书《相马经》释文　文物 1977 年第 8 期。

西汉帛书《天文气象杂占》释文　中国文物第 1 期。

阜阳汉简诗经研究(阜诗)　胡平生、韩自强编著,上海古籍出版
　　社 1988 年 5 月第 1 版。

阜阳汉简《苍颉篇》(阜苍)　文物 1983 年第 2 期。

阜阳汉简《万物》　文物 1988 年第 4 期。

银雀山汉墓竹简[壹]　银雀山汉墓竹简整理小组,文物出版社
　　1975 年 7 月第 1 版。

　　　　　　孙子兵法(子)

　　　　　　孙膑兵法(膑)

银雀山竹简《守法》、《守令》等十三篇　文物 1985 年第 4 期。

银雀山简本《尉缭子》释文　文物 1977 年第 2~3 期。

临沂银雀山汉墓《王兵》篇释文　文物 1976 年第 12 期。

银雀山汉简释文　吴九龙，文物出版社 1985 年 12 月第 1 版。

　　　　　　　孙子兵法(子)

　　　　　　　孙膑兵法(膑)

　　　　　　　尉缭子(尉)

　　　　　　　晏子(晏)

　　　　　　　六韬(六)

　　　　　　　守法守令十三篇(守)

　　　　　　　论政论兵之类(论)

　　　　　　　阴阳时令占候之类(阴)

　　　　　　　其他之类(其)

江陵凤凰山八号墓竹简试释(凤 M_8)　文物 1976 年第 6 期。

凤凰山一六七号汉墓遣策考释(凤 M_{167})　文物 1976 年第 10 期。

凤凰山汉墓简牍　中山大学古文字研究室摹本，1979 年摹，含
　　15 种：

　　　　　　　M_8 遣册(M_8)

　　　　　　　M_9 遣册(M_9)

　　　　　　　M_9 辎车构件(M_9)

　　　　　　　M_{10} 郑里廪籍(M_{10})

　　　　　　　M_{10} 市阳徭仓书(M_{10})

　　　　　　　M_{10} 遣男女徙塞书(M_{10})

　　　　　　　M_{10} 里人名籍(M_{10})

　　　　　　　M_{10} 钱物出入籍(M_{10})

　　　　　　　M_{10} 付物籍(M_{10})

M_{10} 大竹简（M_{10}）

M_{10} 木牍（M_{10}）

M_{168} 衡杆（M_{168}）

M_{167} 遣册（M_{167}）

M_{168} 遣册（M_{168}）

M_{169} 遣册（M_{169}）

云梦西汉墓出土木方初释　陈振裕，文物 1973 年第 9 期。

大通上孙寨汉简释文　文物 1981 年第 2 期。

武威汉简（武威）　甘肃省博物馆、中国社会科学院考古研究所编著，文物出版社 1964 年 9 月第 1 版。

江苏连云港市海州西汉侍其繇墓　考古 1975 年第 3 期。

海州西汉霍贺墓清理简报　考古 1974 年第 3 期。

江苏连云港市海州网疃庄汉木椁墓　考古 1963 年第 6 期。

江苏连云港市花果山出土的汉代简牍　考古 1982 年第 5 期。

武威汉代医简（武医）　甘肃省博物馆、武威县文化馆合编，文物出版社 1975 年 10 月第 1 版。

《儒家者言》释文　文物 1981 年第 8 期。

居延汉简甲乙编　中国社会科学院考古研究所编，中华书局 1980 年 7 月。

流沙坠简（正编、补遗、考释）　王国维、罗振玉，1934 年校正重印本。

汉晋西陲木简汇编　张凤，上海有正书局 1931 年影印本。

汉代简牍草字编　陆锡兴编著，上海书画出版社 1989 年 12 月第 1 版。

汉简文字类编   王梦鸥,艺文印书馆 1974 年 10 月初版。

二、金文类(含货币文)

秦汉金文录   考古学社专刊,1931 年。

金文编   容庚编著,张振林、马国权摹补,中华书局 1985 年 7 月第
　　1 版。

金文续编   容庚撰集,商务印书馆 1935 年 6 月初版。

秦铭刻文字选   上海书画社编,上海书画社 1976 年 8 月第 1 版。

战国时代的秦国铜器   李学勤,文物参考资料 1957 年第 8 期。

古代量器小考   紫溪,文物 1964 年第 7 期。

西安市西郊高窰村出土秦高奴铜权   文物 1964 年第 9 期。

陕西省博物馆鉴选一批历史文物   文物 1965 年第 5 期。

介绍陕西省博物馆收藏的几件战国时期的秦器   陕西省博物馆,
　　文物 1966 年第 1 期。

陕西咸阳塔儿坡出土的铜器   咸阳市博物馆,文物 1975 年第
　　6 期。

西安市郊发现秦国杜虎符   黑光,文物 1979 年第 9 期。

河北围场县又发现两件秦代铁权   石枢砚,文物 1979 年第 12 期。

西沟畔匈奴墓   文物 1980 年第 7 期。

北京拣选青铜器的几件珍品   李学勤,文物 1982 年第 9 期。

咸阳博物馆收藏的两件带铭铜壶   考古与文物 1983 年第 6 期。

陕西铜川发现战国铜器 卢建国,文物 1985 年第 5 期。

湖北随州市发现秦国铜器 文物 1986 年第 4 期。

试论战国型秦兵的年代及有关问题 陈平著,载《中国考古学研究论集》,三秦出版社 1987 年 12 月第 1 版。

古钱大辞典 丁福保,中华书局 1982 年 12 月第 1 版。

我国古代货币的起源和发展 王毓铨,科学出版社 1957 年。

中国货币史 彭信威,上海群联出版社 1954 年。

三、陶 文 类

竹里秦汉瓦当文存 王福田,咸丰二年七桥草堂自刻本。

秦汉瓦当文字 程敦,光绪二十年袖珍山房石印。

秦汉瓦当 陕西省博物馆,文物出版社 1964 年 12 月第 1 版。

秦汉瓦当文字 羣庐丛著七种,齐鲁书社 1981 年。

秦汉瓦当 河南省博物馆,中原文物 1987 年特刊(8)。

秦代陶文 袁仲一,三秦出版社 1987 年 5 月第 1 版。

古陶文汇编 高明,中华书局 1990 年 3 月第 1 版。

四、石 刻 类

隶释·隶续 洪适,中华书局 1985 年 11 月第 1 版。

隶韵　刘球,嘉庆十五年刻本。

汉隶字源　娄机,咫进斋刻本。

隶篇·隶篇续·再续　翟云升,道光十八年刻本。

隶辨　顾蔼吉,中国书店 1982 年 3 月第 1 版。

古石刻零拾　容庚,1934 年北京琉璃厂来薰阁本。

秦始皇刻石考　容庚,燕京学报第 17 期,1935 年。

石刻篆文编　商承祚,科学出版社 1957 年 9 月第 1 版。

诅楚文考释　郭沫若,科学出版社 1982 年 10 月第 1 版。

明拓绎山碑　江苏广陵古籍刻印社 1986 年 12 月第 1 版。

汉碑集释　高文,河南大学出版社 1985 年。

五、印 玺 类

汉印分韵合编　袁日省、谢景卿、孟昭鸿编,上海古籍书店 1979 年
　10 月印行。

十钟山房印举　陈簠斋集,涵芬楼影印本。

秦汉玉印图录　倪玉书,1942 年。

汉印文字征　罗福颐编,文物出版社 1978 年 9 月第 1 版。

汉印文字征补遗　罗福颐编,文物出版社 1982 年 12 月第 1 版。

试谈几方秦代的田字格印及有关问题　赵超,考古与文物 1982 年
　第 6 期。

秦汉南北朝官印征存　罗福颐主编,文物出版社 1987 年 10 月。

玺印文综　　方介堪编纂，张如元整理，上海书店 1989 年 3 月第
　　1 版。

六、综 合 类

汗简·古文四声韵　　郭忠恕、夏竦撰，中华书局 1983 年 12 月。

说文中之古文考　　商承祚，上海古籍出版社 1983 年 3 月影印本。

秦书集存　　华学涑，天津博物馆 1922 年。

汉语古文字字形表　　徐中舒主编，四川人民出版社 1980 年 8 月第
　　1 版。

古文字类编　　高明编，中华书局 1980 年 11 月影印本。

秦汉魏晋篆隶字形表　　汉语大字典字形组编，四川辞书出版社
　　1985 年 8 月第 1 版。

七、其 他 类

宋本广韵　　陈彭年等，中国书店 1982 年 6 月第 1 版。

集韵　　丁度等，中国书店 1983 年 7 月第 1 版。

说文解字　　许慎，中华书局 1963 年 12 月。

说文解字注　　段玉裁，上海古籍出版社 1981 年 10 月第 1 版。

说文解字义证　桂馥,齐鲁书社 1982 年 12 月第 1 版。

说文通训定声　朱骏声,武汉古籍书店 1983 年 6 月影印本。

战国史　杨宽,上海人民出版社 1980 年 7 月第 2 版。

秦集史　马非百著,中华书局 1982 年 8 月第 1 版。

秦史稿　林剑鸣,上海人民出版社 1981 年。

汉字字体的名实及其
演进序列的再认识

甲骨文、金文、大篆、小篆、隶书是汉字发展史上的几种主要字体。关于它们的名实关系过去有着比较共同的认识,对它们的演进序列也有很一致的排列方式。

今天,随着我们认识的深入,特别是新的资料的出土,对传统的看法和做法进行检讨已显得十分必要。本文就试图在这方面做一番新的尝试。

一、甲骨文与金文

从甲骨文到金文,这种排列顺序由来已经很久。但似乎从未有人怀疑过它的正确性。其实,只要对二者的名实进行深入的考察,就会发现它是似是而非的。

(一) 从分类标准看

甲骨文和金文的分类,是基于铭刻或书写对象质地的不同。甲骨文是写刻在龟甲兽骨上的文字,金文是铭刻在古代青铜器上的文字。这样的分类,本不具有时间序列上的含义。

(二) 从时间跨度看

甲骨文包含商代和西周两部分。商代甲骨文从盘庚迁都延续到帝乙、帝辛时期。由于盘庚、小辛、小乙时是否有甲骨至今尚无从证明,因此一般认为商代甲骨文是从武丁绵延至帝辛时代。西周甲骨文的年代大致在文王到穆王之间①。那么整个商周甲骨的时间跨度是从商王武丁至西周穆王。

目前所发现的最早的金文,见于中国历史博物馆的"亘鬲"②,这件鬲属于武丁以前,它的时代比甲骨文的上限还要早。从武丁到康丁,有铭铜器还不多,一般只标明器主的族氏或被祭祀的对象。一直到武乙、帝乙时代,商代金文才渐渐多起来。金文的极盛时代是在西周,以后一直下传。但习惯上,人们把金文的下限定在先秦。那么金文的时间跨度是从武丁以前直到秦统一六国时。显然,甲骨文和金文,从商武丁到周穆王,有一个很长的重叠阶段。

---

① 　王宇信《西周甲骨探论》30～31 页,中国社会科学出版社,1984 年。
② 　《文物》1961 年第 1 期,《考古》1964 年第 9 期。

（三）从制作特点看

甲骨文绝大多数是锲刻在龟甲兽骨上的，也有少量是用毛笔书写的。究竟甲骨文在锲刻以前是否先用毛笔书写做底？这个问题迄今尚无一致的意见。董作宾认为是先写后刻[①]；陈梦家认为是直接锲刻上去的[②]；陈炜湛、唐钰明认为是两者兼而有之，一般是大字先写后刻，小字直接刻写[③]。

由于甲骨文最终的形态绝大多数是锲刻而成的，且锲刻时往往先直画后横画，因此甲骨文的许多象形线条出现了平直化和拆断的现象，使原字的象形意味受到影响。金文则不同，通常是在铸器以前先用毛笔写出墨书原本，然后按照墨书原本刻出铭文模型，再翻出铭范，最后往范中浇注锡铜溶液，铜器与铭文便同时铸成。因此，铭文能够比较好地传达出墨本的形态和韵致。

这样，属于同一时期的甲骨文与金文相比，金文的形体往往显得更古，如商父癸卣的爵与一期卜辞《后》下 7·7 的爵，商子且尊的步与一期卜辞《铁》22·2 的步，商且乙爵的卫与一期卜辞《乙》228 的卫，商牛鼎的牛与一期卜辞《乙》3328 的牛，商且辛鼎的象与一期卜辞《前》2·31·3 的象，商龟父丙鼎的龟与一期卜辞《前》7·5·2 的龟，商父癸爵的集与一期卜辞《前》5·37·7 的集等。即使绝对年代晚于甲骨文的金文也有比甲骨文更古的。如

---

① 董作宾《甲骨文断代研究例》，载《庆祝蔡元培先生六十五岁论文集》，1933 年。
② 陈梦家《殷虚卜辞综述》153 页，中华书局，1988 年。
③ 陈炜湛、唐钰明《古文字学纲要》54～56 页，中山大学出版社，1988 年。

周早秉瓠的秉与一期卜辞《珠》572 的秉，周早子龚鼎的龚与二期
卜辞《佚》942 的龚，周早伯鱼卣的鱼与一期卜辞《京津》1513 的
鱼，周中颂鼎的旦与二期卜辞《佚》468 的旦等。

（四）从所反映的内容看

　　殷商至西周的金文中，往往有标识器主或祭祀对象的徽记。
这种徽记又称族氏文字，结体比较原始，象形意味很浓。其中有
一些也见于商代甲骨文，但大多数为金文所特有。过去在探讨汉
字起源时，人们往往引徽记为证。这是因为在演进序列上，它们
普遍早于甲骨文。

（五）从各自演进过程看

　　商代和西周的甲骨文前后跨越三百余年，殷商两周的金文跨越
一千余年。它们都是包蕴丰富的动态过程。甲骨文因年代早晚的
不同，形体有所发展和变化。但由于时间跨度比金文小，前后的变
化并不像金文那么剧烈。金文的时间跨度远远大于甲骨文，它自身
的演变形态也就更复杂。很显然，商代和西周的甲骨文是无法直接
与战国金文接续的，因为战国金文是从春秋金文演变而来，而与甲
骨文相比，形体省简变形很剧烈，中间跨过了许多演变环节。
　　至此，我们知道了甲骨文与金文的关系是错综复杂的。过去
笼统地说汉字"从甲骨文发展到金文"应予以驳正。
　　究竟应当如何来概括甲骨文跟金文的关系呢？我们认为，甲

骨文和金文是根据铭刻或书写对象质地的不同而划分出来的两种古汉字字体。就商代的甲骨文与商代金文,西周早中期甲骨文与西周早中期金文而言,它们时代相当,可以看作是通用文字的两种不同书体。西周中期以后的金文和西周中期以前的甲骨文、金文都有着直接的接续关系。就单个汉字来说,究竟是甲骨文早还是金文早,要具体问题具体分析,实际是二者兼而有之;就整个字体而言,也无所谓甲骨文早还是金文早,因为两个过程无法笼统地进行比较。

二、金文与大篆

通常认为大篆是从金文演变出来的,这也是一个误解。在讨论甲骨文与金文的关系时,我们已经对金文作了比较全面的考察,要弄清金文与大篆的关系,关键是弄清大篆的名实。

“大篆”一词,大约最早出现于汉代。《汉书·艺文志》载《史籀》十五篇,注云:“周宣王太史作大篆十五篇。”这里的“大篆”应是指字体而言。

在汉代明确被指为大篆的只有《史籀篇》的字体,因此研究大篆,首先必须弄清《史籀篇》字体的面貌。

《史籀篇》相传是周时史官教学童的识字课本[①]。它的字体与

---

① 《汉书·艺文志·叙录》。

古文不同[1]。《史籀篇》传到光武帝刘秀建武年间,还保存了九篇[2]。它的部分,收录在《说文解字》中,被称为籀文。从《说文》中收录的二百二十三个籀文看,它与秦系的秦公及王姬钟、秦公及王姬镈、秦公簋、秦公镈、石鼓文等的字体风格一致,显系同一种字体。那么籀文是秦系古文字应当是可以肯定的。

既然籀文是秦系古文字,如果我们求出这种秦系古文字的上限与下限,即可知道籀文的使用情况,同时也就知道了大篆的使用情况。

秦国文字是在西周晚期文字的基础上发展起来的。秦国最早的青铜器不其簋属于西周晚期,其字体风格与其他西周晚期铭文完全一样,这表明秦国文字到西周晚期还没有形成自己的风格[3]。秦文风格的形成是在春秋早期。该时期的秦子戈、秦子矛、秦公及王姬钟、秦公及王姬镈,其铭文无论结构还是体态,都具有明显的地域特色。这种特色延续了整个春秋时期,春秋中期晚段的秦公簋、秦公镈,春秋战国之交的石鼓文都是如此。

战国早期的秦文资料很少,难以反映该时期秦文的实际。但我们清楚地看到秦系古文字从战国中期,即秦孝公时期开始,才开始出现解体的迹象[4]。由此推断,战国早期所使用的文字,可能还是与籀文相同的字体。

既然大篆使用于春秋早期到战国早期的秦国,便与"周宣王

---

① 《汉书·艺文志·叙录》和《说文解字·叙》。
② 《汉书·艺文志》。
③ 李学勤《秦国文物的新认识》,《文物》1980 年第 9 期。
④ 在笔者博士论文《隶变研究》中有较详论述。

太史作大篆十五篇"的说法不合。唐兰先生曾怀疑周宣王为周元
王之误①。按：唐说是值得商榷的。因为：一、唐说建立在"史籀"
即"史留"这一推测的基础上；二、"宣"通"元"没有通假上的字证。
我们认为，"宣王"应为"桓王"之误。在文字上，宣与桓可以通用。
如《礼记·檀弓下》"曹桓公卒于会"，《左传·成公十三年》作"曹
宣公"；《战国策·秦策四》"魏桓子骖乘"，《韩非子·说林上·十
过》《淮南子·人间》《说苑·权谋》作"魏宣子"②。更重要的是，周
桓王(公元前719～公元前697)处在春秋早期，正是大篆形成之
时，这时候太史对大篆进行一次整理，编出一部字书作为教学之
用，具有必然性，也具有可能性。就像秦初整理创制小篆时，出现
了《苍颉篇》《爰历篇》《博学篇》一样。

　　至于太史籀的"籀"当作何解，已是一个老大难的问题。把过
去的意见归纳起来，不外乎三种。王国维据《说文》对籀字的解
释，认为籀是"诵读"的意思③；傅东华认为籀是指字体而言，"籀"
从"擂"声，"擂"就是"抽"，"籀书"就是抽书，即引书④；唐兰和高亨
认为籀是人名，唐认为史籀即元王时"史留"⑤，高亨认为即幽王时
的内史聚子，此人宣王时为太史，幽王时为内史⑥。四位学者都是
在承认《说文·叙》"宣王太史籀著大篆十五篇"这一记载的前提

① 唐兰《中国文字学》155页，上海古籍出版社，1979年。
② 曹国既有桓公(公元前756～公元前702)又有宣公(公元前601～公元前586)，西周既
　有宣王(公元前826～公元前782)又有桓王，然而张冠李戴，互相弄混，当与某些史实
　靠口耳相传有关。
③ 王国维《史籀篇疏证·序》，《观堂集林》卷五。
④ 傅东华《汉字》42页，上海教育出版社，1984年。
⑤ 唐兰《中国文字学》155页，上海古籍出版社，1979年。
⑥ 高亨《文字形义学概论》10～41页，齐鲁书社，1981年。

下进行解释的。殊不知，《说文》的这一记载是靠不住的。《史籀篇》最早见于班固的《汉书》，在《艺文志》"小学类"中共列 10 家 45篇，第一便是《史籀篇》。从班固记述的体例看，一般涉及书名、篇数、作者。有的著作缺作者或篇数，《史籀》即缺具体的作者名。这显系当时不明细节所致。可以说，在班固撰《汉书》时，已不能确知《史籀》的作者是谁了。班固（公元 32～公元 92）比许慎（约公元 58～约公元 147）早，辈分比许慎高（班与许师贾逵同辈），《汉书》（公元 58～公元 80 左右）比《说文》（公元 100～公元 121）成书早，班固不知道《史籀》的作者，而许慎却知道了，事情确实有些蹊跷。合理的解释只能是：《说文·叙》中"宣王太史籀著大篆十五篇"是许慎在《艺文志》"周宣王太史作大篆十五篇"的基础上，从篇名《史籀》推衍出来的。在推衍时可能是受到了《苍颉》一书命名的影响，《苍颉》的作者是李斯，但其书名是以人名命名的。我们把《汉书·艺文志》的两段话和《说文·叙》的一段话抄在下面，许氏对班固的继承和推衍之迹昭然可见：

　　《史籀》十五篇。周宣王太史作大篆十五篇，建武时亡六篇矣。（《艺文志·小学类》）

　　《史籀篇》者，周时史官教学童书也，与孔氏壁中古文异体。（《艺文志·叙录》）

　　宣王太史籀著大篆十五篇，与古文或异。（《说文·叙》）

通过以上的论证可知，大篆是秦系古文字。当时学童识字用它,铜器铭文上用它,石鼓上也用它,总之,大篆是春秋早期到战国早期秦国的通用文字。

　　明白了大篆的名实,金文和大篆的关系便不难说清楚了。从分类标准看,金文和大篆是从不同标准划分出来的字体。金文的得名着眼于书写对象的质地,而大篆得名是和小篆相对而言的,代表着秦系文字的早期发展阶段。从时间跨度看,金文与大篆有交叉重叠的地方。金文从商代早期绵延到秦统一六国,而大篆是从春秋早期到战国早期。可见春秋早期以前的金文比大篆早,而战国早期以后的金文比大篆晚,其间的金文则与大篆重叠。从地域看,大篆仅指秦国的文字,而金文既含殷商、宗周,又含各诸侯国的文字。从使用范围看,金文仅铸刻在铜器上,而大篆则既有铸在铜器上的,又有刻在石器上的,作为一种通用文字,它广泛运用于当时文字使用的每一个区间。

　　如果我们不笼统地说"大篆是从金文中演化出来的",而说"西周晚期金文作为西周晚期通用文字的一种书体,应是大篆的源头之一,大篆中的金文与西周晚期金文应是一脉相承的",则比较准确。

三、大篆与小篆

　　小篆的名实关系很复杂。

　　小篆一词,大约首先见于许慎的《说文解字·叙》。许说:"其后（指春秋以后）诸侯力政，不统于王，恶礼乐之害己，而皆去其典籍，分为七国。田畴异亩，车涂异轨，律令异法，衣冠异制，言语异声。秦始皇帝初兼天下，丞相李斯乃奏同之，罢其不与秦文合者。斯作《苍颉篇》，中车府令赵高作《爰历篇》，太史令胡母敬作《博学篇》，皆取史籀大篆，或颇省改，所谓小篆者也。"西晋卫恒《四体书势》也有一段类似的话："及平王东迁，诸侯力政，家殊国异，而文字乖形。秦始皇帝初兼天下，丞相李斯乃损益之，奏罢不合秦文者。斯作《苍颉篇》，中车府令赵高作《爰历篇》，太史令胡母敬作《博学篇》，皆取史籀大篆，或颇省改，所谓小篆者。"从《说文·叙》和《四体书势》的记载看，省改大篆本来有李斯、赵高、胡母敬三人，但到了北魏郦道元那里，把赵高给漏掉了。他说："秦之李斯及胡母敬又改籀文谓之小篆，故有大篆小篆焉。"[①]而到了唐张怀瓘那里，省改大篆者就只剩下李斯一人了（详下文）。

　　小篆或称秦篆。班固《汉书·艺文志》："《史籀篇》者，周时史官教学童书也，与孔氏壁中古文异体。《苍颉》七章者，秦丞相李斯所作也；《爰历》六章者，车府令赵高所作也；《博学》七章者，太史令胡母敬所作也；文字多取《史籀篇》，而篆体复颇异，所谓秦篆者也。"张怀瓘《书断》："小篆者，秦丞相李斯所作也，增损大篆，异同籀文。谓之小篆，亦曰秦篆。"小篆也称篆书。许慎《说文解字·叙》介绍王莽"六书"时说："三曰篆书，即小篆。"

　　上述引文都讲到小篆。由于年代先后、行文侧重点和理解上的不同，内容上有或大或小的出入。针对这种情况，我们应当以

---

① 《水经注》卷一六《谷水》。

较早的材料为基础来加以理顺。具体地说,应当以班固和许慎的说法为基础。

班固说《苍颉》《爰历》《博学》分别是李斯、赵高、胡母敬所作,这些书里的文字大多数取自《史籀篇》,而篆体又与《史籀篇》有所不同,这种字就是小篆。班固的出发点主要是介绍上述三篇的作者、内容。这种体例的限制,决定了他解释小篆在内容上不像许慎那么详细和清楚。许慎的出发点是叙述秦初的文字状况,所以它还谈到了小篆出现的时间和历史背景。在谈到小篆的来源时,他说是"皆取史籀大篆,或颇省改"。这里的"皆取"和班固的"多取"不同,我们认为以"多取"为胜。理由是:一、班固的《汉书·艺文志》较许慎《说文》为早,而且是根据西汉末年古文学派大师刘歆《七略》编成的,当有一定根据;二、在秦初,李、赵、胡母等人一定还可以见到除《史籀篇》以外的大篆字体(如宫廷档案之类),并且用作创制小篆的参考。"或颇省改",指的是对某些字稍加省改,与班氏所指"篆体复颇异"的事实相符。

以班、许二氏的说法为基础,综合其他各家的说法,在唐以前人们的心目中,所谓小篆是指秦始皇统一中国后,由李斯、赵高、胡母敬省改《史籀篇》大篆而形成的一种新字体。

对于上述事实曾经有人提出怀疑。他们认为秦国不可能在短短的时期内创制出一种新的字体,更不可能使之推行全国。我们觉得,他们这种怀疑是出于对史实的误解。因为在短短的期间内创制出一种新字体是不值得奇怪的,它的快慢取决于参加人员的多少和创制的具体办法。至于说到秦国不可能在短短的二十年间将小篆推广普及,这本来就是事实,毋庸置疑。请申论之。

先说秦国为什么能在开国之初较短的时期内创制小篆。

首先，创制的具体工作，是在中央机构的统一领导和协调下组织专家学者完成的。《初学记》说小篆"始皇时李斯、赵高、胡母敬所作也"。他们三位所作的小篆都分别收在他们所编的《苍颉篇》《博学篇》《爰历篇》当中。据研究，这些书的编排方式都是相同的，如四字为句，两句一韵等。编排方式的相同，决定了他们在具体内容上不得雷同，应当相互补充，否则三篇就没有同时并存的价值。此外，三篇既然都是秦代的标准小篆，具体篆形也应一致，否则就不能起到"样板"的作用。以上两个特点，决定了小篆的创制工作必须在统一领导和协调下进行。

秦统一后，李斯首先奏请始皇罢黜六国文字，创制新字体来统一全国用字，因此李斯创制小篆是情理当中的事。胡母敬为太史令（《书断》语），创制小篆也是分内之事。但赵高身为中车府令，为武官，从本职工作来说，他似乎不应管文字方面的事，而且他是因为"强力，通于狱法"才被擢升的，于文字不会有很深的造诣，故从能力上讲，也难当此任。但事实上他却参与其事，编成《爰历篇》。从这里得到启发，我们认为当时创制小篆应分别由李斯、赵高、胡母敬三人总理，干事的主要是组织起来的专家们。由丞相、太史令等人来主持省改大篆的工作，可见当时对这项工作高度重视，赵高以武官身份进入主持者行列，可见其权重一时。

其次，在创制小篆的具体方法上，材料主要取自《史籀篇》，有许多字是直接照搬的。《史籀篇》是春秋早期周桓王太史所作，这部书所用的字体，属于早期的大篆。从大篆的实际看，每个偏旁的写法，每个字的结构以及整体书写风格比较固定，这样，在此基础上创制新文字就容易得多。大篆里有相当多的字与小篆并无两样，不用说，这些字是直接从大篆里"拿来"的。

再次，在创制小篆时，参照和吸取了秦统一前的通用文字中的繁体。秦国从春秋早期到战国早期都是使用大篆。从现有文字资料看，至少在战国中期，大篆已出现了明显解体的迹象，形成一种繁简夹杂的综合文字。如果用今人的眼光对这种通用文字进行分析，它的主要成分包括两部分，一部分是早期的隶书，后世叫作古隶，一部分与后世小篆的风貌相同或相近。当然其中也夹杂着西周金文、籀文、古文、奇字等内容。我们认为，秦统一后创制小篆时，肯定参照和吸取了统一前通用文字中的繁体。不然，我们就无法解释新创制的小篆与统一前通用文字的繁体相同或接近的事实。

接下来我们来考察秦国推行小篆的实际情况。

小篆出笼以后，秦政府便着力推行它。秦始皇先后多次巡幸全国各地，所到之处必以小篆立碑，除了歌功颂德外，也为给人们树立一个小篆"样板"。当时由中央下发的文件，最初用小篆书写，也是可以肯定的。但最有力的措施恐怕应是将李、赵、胡母三人主持编纂的三篇缮写仿制，分发全国各地，作为识字课本和用字规范。虽然如此，结合出土的秦代文献看，秦国推广小篆确实没有取得很大成功，民间通用文字仍然是战国中期以来一直使用的那种综合文字。小篆为什么没有推广开去？原因是多方面的。小篆在籀文的基础上省改照搬，它的出发点是古往，而不是当今。它参照和吸取通用文字中的繁体，又和文字的简化趋向相悖。可以说，小篆繁化、复古的趋向及其较强的主观色彩，在人们心目中缺乏坚实的认同基础，加上秦国短祚，导致小篆不能真正推广开去。

唐以前所谓小篆的最好样品，要算是《苍颉篇》《爰历篇》《博学篇》和始皇时的七种刻石了。可惜三篇早已亡佚，七种刻石原石几乎毁尽。今天所能看到的只有琅邪台刻石残留部分和泰山刻石的残块。琅邪台刻石存十三行，八十七字，主要是二世诏文。泰山刻石仅存十八字。

《苍颉篇》《爰历篇》《博学篇》的小篆绝大多数保存在《说文》里，七种刻石，目前尚能见到完整的绎山刻石和会稽刻石的复刻本以及泰山刻石残拓的摹刻本。泰山刻石流传着《绛帖》、安国两种本子，据容庚先生研究①，安国本只是一种"翻本"，比较可靠的是《绛帖》本。而会稽刻石的摹刻本，前人也曾提出过怀疑，这种怀疑已被证明是有道理的。因此，传世的本子中只有绎山刻石的复刻本与泰山刻石的《绛帖》本比较可靠。

现在保留小篆最多的书是《说文解字》。但这本书中的小篆情况比较复杂。其中有一部分篆形是靠不住的。裘锡圭先生把《说文》小篆致误的原因归纳为三方面，他说："《说文》成书于东汉中期，当时人所写的小篆的字形，有些已有讹误。此外，包括许慎在内的文字学者，对小篆的字形结构免不了有些错误的理解，这种错误的理解有时也导致了对篆形的篡改。《说文》成书后，屡经传抄刊刻，书手、刻工以及不高明的校勘者，又造成了一些错

---

① 容庚《秦始皇刻石考》，《燕京学报》第 17 期；《秦泰山刻石考释》，载《古石刻零拾》，北京琉璃厂来薰阁本，1934 年。

误。"①除裘先生提到的三点以外,还应该指出,包括许慎在内的汉人,也曾把一些隶书"翻译"成小篆②。

小篆的固有含义及其所指略如上述。可是宋以后,发生了一些变化。

南宋范成大《跋诅楚文》说:"诅楚文当惠文王之世,则小篆非出李斯。"③

王国维说:"考战国时秦之文字,如传世秦大良造鞅铜量乃孝公十六(应为十八)年作,其文字全同篆文。《诅楚文》摹刻本文字亦多同篆文,而敨、夯、剔、意四字则同籀文。篆文固取诸籀文,则李斯以前,秦之文字谓之用篆文可也,谓之用籀文亦可也。"④王氏说秦大良造鞅铜量"其文字全同篆文",当然有些绝对,但实际上确是基本相同的。因此王氏认为可以把它当作小篆。

林剑鸣指出:"秦国在统一前使用的文字与六国不同,称为'小篆'(秦篆),小篆是由大篆演变而来。"⑤

以上各家把战国时代的某些秦文材料与秦统一后的小篆比较,发现它们形体大多相同。徐无闻正是在以上各家的基础上鲜明地指出"战国时秦国通用小篆"⑥的。

战国秦文中的确有些字形与李斯小篆相同相近,特别是由于用字场合不同,诸如瓦书、诅楚文等器物上的文字与李斯小篆相

---

①　裘锡圭《文字学概要》62 页,商务印书馆,1988 年。
②　拙文《试论汉字形体结构围绕字音字义的表现而进行的改造》中有所论述,《河北学刊》备用稿【后改刊于《中国文字研究》第 1 辑,广西教育出版社,1999 年】。
③　孔凡礼辑《范成大佚著辑存》141 页。
④　王国维《史籀篇疏证·序》,《观堂集林》卷五。
⑤　林剑鸣《秦史稿》378 页,上海人民出版社,1981 年。
⑥　徐无闻《小篆为战国文字说》,《西南师院学报》1984 年第 2 期。

同相近的成分就更多，因此说战国时秦有小篆是可以接受的。

那么，小篆就有了宽狭两种含义，一是小篆的古义，专指李斯等人创制的小篆，一是发展了的概念，包括与李斯等人创制的小篆形体基本一致的战国文字。

小篆概念所发生的变化，导致了理解与归属上的混乱。如何解决这个问题？我们认为，若正本清源，以狭义概念为准，若着眼于事实本身和学术发展，应以广义概念为准。

弄清了小篆的名实，大篆与小篆的关系就容易说清楚了。我们的基本看法是：小篆是从大篆演变出来的。在大篆的内部，小篆的形体已经在孕育和发展，并形成了一定的规模。大篆从战国中期开始演变为一种繁简夹杂的综合文字，其实质是大篆中的繁体演变为小篆，大篆中的简体（小篆）演变为古隶。在很长时期内，小篆是作为大篆中的简体和战国中期以后通用文字中的繁体而存在的。秦始皇统一中国以后，李斯等人在《史籀篇》的基础上省改照搬，在战国中期以来综合文字的基础上进行整理，才使小篆真正成为一种通用文字。

四、小篆与隶书

最早提到隶书的是班固，他在《汉书·艺文志》"秦篆"下说："是时（指秦始皇时）始建隶书矣。起于官狱多事，苟趋省易，施之于徒隶也。"许慎《说文》也说："是时秦烧灭经书，涤除旧典，大发隶卒,兴戍役,官狱职务繁,初有隶书,以趣约易,而古文由此绝矣。"看得出,许慎继承了班固的说法。但他把"始建隶书"改成"初有隶书",把"建"换成"有",可谓差之毫厘,失之千里,"建"是建立的意思,它是说始皇时承认了隶书,确立了它的合法地位。"初有隶书"是说始皇时才有隶书,意思大变。

上面已经谈到,秦国文字在商鞅变法以后开始解体,大篆中那种繁复的字体已基本消失。如果从今人的角度看,这时的通用秦文是繁简夹杂的综合文字,而主要成分又是小篆和古隶(由于文字的前后相因关系及六国文字的影响,其中仍夹有籀文和古文)。因时间先后和用字场合不同,综合文字中小篆和古隶的比例存在着很大差异。越往后,古隶的成分越多,大约到了西汉中期,隶书才由此形成一种通用文字。但在秦初,可能是由于小篆的确立,在与小篆的比较之下,就误认当时综合性的通用文字为隶书,所以班固说秦始皇时"始建隶书矣"。它的真确含义应当是:秦始皇在推行小篆的同时,并不偏废此前已广泛使用的那种综合性的通用文字。

过去,由于对战国时秦系文字的面貌缺乏全面正确的认识,因此在具体材料的归属上存在着很大的分歧。譬如秦诏权文字就是一例。《颜氏家训》:"开皇二年五月,长安民掘得秦时铁称权,旁有铜涂镌铭二所……其书兼为古隶。"这里的"兼为"即"兼作",是说铜涂(应即诏版)上的字有些是古隶。可是吾丘衍《字源七辨》却说:"秦隶书不为体势,即秦权汉量上刻字。人多不知,亦谓之篆。"钱玄同也说:"秦篆及诏版之体,世人与刻石同目为篆,实则并不相类,笔势方折,字体简率,实与西汉字体同类,我以为即汉人所谓隶书。"[①]

对简帛文字的看法也是如此。云梦睡虎地秦简、马王堆汉墓帛书、银雀山汉简出土以后，对它们的字体也曾有过"古隶""草篆""篆隶之间"诸种说法。

弄清了秦系文字发展的脉络后，我们就自然明白了上述云梦睡虎地秦简、马王堆汉墓帛书、银雀山汉简以及秦诏版上的文字都应是当时的综合性的通用文字。过去在归属上存在的分歧，正是由战国以来秦系文字的特殊性造成的。

古隶从汉武帝时起，渐渐形成一种波磔之体，到西汉中晚期，便成为成熟的八分。因与秦隶、古隶相对，八分又称汉隶或今隶。

那么隶书和小篆的关系如何呢？从发生看，隶书和小篆都是在大篆演进的过程中产生的。在相当长的时期内，小篆和隶书都只是通用文字的组成部分，本身并不是通用文字。后来由于行政手段的作用，小篆一度成为通用文字，但没有形成很大规模。古隶则在综合文字的自然演进中于西汉中期成为通用文字。

由于小篆和隶书是在很长时期内才演变为通用字体的，而且成为通用字体后又经历了一些发展变化，因此具体涉及某个单字时，它们的关系相当复杂。大致说来，有些小篆早于隶书，也有些隶书早于小篆；有些隶书从大篆来，有些隶书从小篆来。但作为一种字体而言，小篆无疑早于隶书。

---

① 钱玄同《章草考序》，《师大学报丛刊》1 卷 1 期，1930 年。

五、结　语

综观以上的分析可以看出，以往认为汉字从甲骨文到金文、从金文到大篆、从大篆到小篆、从小篆到隶书的演进序列有些是不准确的，有些是错误的。那么应该如何来排列汉字的演进序列、研究汉字字体的演变呢？我们认为应采取时间线索、空间线索和逻辑线索相结合的方法。

具体地说，就是根据汉字的历史形态，先从纵向把汉字分为几个不同的发展阶段，然后根据地域特点从横向把它分为几系。这样就形成了以时间为经，以地域为纬的排列格局。绝大多数字是可以根据这一方法排列的。当不能用上述方法或用上述方法行不通时，就按照逻辑顺序来排列汉字的演进序列。

原载《河北大学学报》1993 年第 2 期

秦汉简帛通假字的文字学研究

　　从二十世纪末叶到现在,在祖国的大江南北,共发现和发掘了数十批秦汉时期的简牍、帛书。就在这些秦汉简帛里,活跃着一批阵容庞大的通假字。过去,曾经有人对它作过不同程度的研究,诸如钱玄的《秦汉帛书简牍中的通借字》①、王美宜的《〈睡虎地秦墓竹简〉通假字初探》②、刘方的《试析〈睡虎地秦墓竹简〉中的同音假借》③、王大年的《读古书须明通假之管见》④、周祖谟的《汉代竹书与帛书中的通假字与古音的考订》⑤,以及赵诚的《临沂汉简的通假字》⑥等。然而,以上各家的文章有两个明显的局限:一是取材不广(仅以一地或两地的材料为研究对象),二是偏重音韵学的研究。

---

① 钱玄《秦汉帛书简牍中的通借字》,《南京师院学报》1980 年第 3 期。
② 王美宜《〈睡虎地秦墓竹简〉通假字初探》,《宁波师专学报》1982 年第 1 期。
③ 刘方《试析〈睡虎地秦墓竹简〉中的同音假借》,《宁夏大学学报》1985 年第 4 期。
④ 王大年《读古书须明通假之管见》,《杨树达诞辰百周年纪念集》,湖南教育出版社,1985 年 5 月第 1 版。
⑤ 周祖谟《汉代竹书与帛书中的通假字与古音的考订》,《音韵学研究》第 1 辑,中华书局,1984 年 3 月第 1 版。
⑥ 赵诚《临沂汉简的通假字》,《音韵学研究》第 2 辑,中华书局,1986 年 7 月第 1 版。

为了弥补过去研究中的不足,我们尽可能全面地收集了解放后整理发表的原始资料。计有睡虎地秦简、马王堆帛书、银雀山汉简、阜阳汉简、凤凰山简牍、武威汉简、武威汉代医简、大通孙家寨汉简、定县汉简、连云港花果山简牍、海州的木方、霍贺墓木方、云梦大坟头的木方等十余处数十批。可以说,除居延汉简外,解放后出土并已发表的秦汉简帛资料基本上已收罗殆尽。从这些资料中,我们得出通假字的单字达一千余个。在全面占有材料的基础上,我们还选取了不同于前人的视角——文字学角度,拟对秦汉简帛中的通假字作一深入探讨。

讨论将从以下四个方面展开:

一、通假字自身的形态特征

秦汉简帛中的通假字呈现出纷繁复杂的形态,除通常的写法外,还有古文、籀文、繁体、省体、讹体等。

先来看古文。帛书《老子》甲本 133 的澟字,通幽。该字不见于字书,从字形看,当从水㺵声。㺵是战国古文,见于中山王鼎,用为“幼”。我们认为,澟字从㺵,㺵为古文,澟也应是古文。帛书《老子》乙本 205 上、230 下,《六十四卦》27 都有㠱字,前两例用为邻,后一例用为㟗。㠱字见于《汗简》卷六和中山王鼎,也是古文。又如马王堆医书《杂疗方》11 中的丣字,是酉的古文,简文通留。由丣字我们还能联想到凤凰山 168 号墓 67 简上的駵,駵字简文通騳，是从马、以古文邜为声符的形声字，也应当是六国古文。愿在武威医简中前后出现近 20 次。《说文》："愿，古文勇。"简文愿用为痛字。此外，银雀山汉简 822 的杌字，是古文篅，简文通救。这些实例说明，通假字中确有古文的存在。不过，挤进通假字行列的古文只是秦汉简帛中古文的一小股。

秦汉简帛通假字中也使用籀文，但籀文的数量远不及古文多。这里只举一个例子来说明它的存在。武威汉简甲本《服传》20 的爾字，通禰，甲本《燕礼》4、《少牢》26 中的璽通爾。这几个璽字均从土爾声，是小篆的写法。而《六十四卦》61 也有璽字，通爾，从玉作，和《说文》璽字籀文的写法相同。

接下来，我们来看通假字的繁体。《老子》甲本 17："大盈若濖（沖），其用不鄩。"这里的鄩不见于《说文》，当是从宀郡声的形声字。我们认为它是窘的繁体字，用为窘。窘字用为窘的例子还见于《老子》乙本卷前古佚书《经法》47 上、《十六经》100 下等处，这些都是鄩为窘之繁体的佐证。

省体通假字与繁体通假字相比，前者要比后者多得多。这是因为汉字的简化趋向在起作用。如银雀山汉简 0006 中的智字，通知。这个智原来是暜的省体。《说文》白部："暜，识词也。从白从亏从知。"智在暜的基础上，省掉了"白"（zì）。在睡虎地秦墓竹简、马王堆汉墓帛书、银雀山汉墓竹简中，有数以百计的智通知的例子。智字，也是暜的省体，是在原来的基础上省掉了"于"。在秦汉简帛中，智常与知相通。阜阳汉简《万物》001、030 等便是。上举的智智通知，从本质上讲，与暜通知是一致的。此外，帛书《五十二病方》51 中的瘦，通嘤，是瘦的省体。诸如此类的例子还有不少。

提到讹体通假字，较典型的要数頟和温。银雀山汉简《孙膑兵法》240、《孙子兵法》170 皆出现頟字。原注云："頟，即顠之讹体。"睡虎地秦简《为吏之道》23 壹，阜阳汉简《诗经》049 都有顠字，通願。《老子》甲本卷前古佚书《五行》266 圌通願，可知"原"声字与"圌"声字是相通的。温字在《五十二病方》中出现的频率很高，达 23 次之多，原注认为，温字从目从㬈而略有省改，应即眹字，读为脉，这也是个讹体通假字。如果说，通假字与被通假字之间只有一层障碍的话，那么讹体通假字与被通假字之间就有了两层障碍。双重障碍给识别带来了困难，这大概就是讹变通假字较为罕见的原因吧。

由上面的分析，我们知道了秦汉简帛通假字在用字上确实有种种不寻常的情形。但是，通假字中的古文、籀文、繁体、省体和讹体，与整个通假字汇相比，数量还是很有限的。

二、通假字与被通假字的关系

（一）通假字与被通假字的对应关系

通假字与被通假字的对应关系可以归纳为两方面。

一方面，一个通假字可以和一个，也可以和一个以上的被通假字相通。我们统计了与六个以上的字相通的通假字，共有 11

例,它们是:

与	誉	旟	举	豫	舆	欤	异
昔	爽	措	索	作	夕	错
卷	捲	券	拳	圈	倦	眷
或	纮	惑	域	有	又	侑
余	豫	徐	畬	馀	与	除
辟	劈	避	壁	臂	譬	覕
隋	憜	椭	瞍	脽	随	堕
兹	磁	灾	慈	滋	孳	哉
叚	假	瘕	煆	暇	瑕	遐
执	贽	蛰	势	挚	设	鸷
台	怠	始	怡	殆	似	胎

其中被通假字最多的是“与”字,能与七个字相通。

　　另一方面,一个被通假字可以用一个,也可以用几个通假字替代。我们可以以癫和德来加以说明。帛书《阴阳十一脉灸经》甲本59、60,乙本15用隤代癫,《五十二病方》200、206、207、208、209用颓代癫。那么,癫字的通假字有两个。再如德字,代替它的通假字有得、直、惪。《六十四卦》84:“尚九,既雨既处,尚得载,女贞厉。”得通德。阜阳汉简《诗经》:“既沮(阻)我直。”德用直代替。而在别的场合,大多数的德作惪。那么,德的通假字至少有三个。

（二）通假字与被通假字之间的互通关系

通假字与被通假字之间，既有单向选择（即甲可通乙，而乙不能通甲），又有双向选择（即甲可通乙，乙亦可通甲，彼此可以互通）。这里我们只谈彼此互通的情况。

秦简《秦律十八种》41："粝（粝）米一石，为鏊米九斗。"鏊用为鑿。阜阳汉简《诗经》116："白石鑿鑿。"两个鑿都通鏊。《老子》甲本卷后古佚书《明君》422、429，武威汉简甲本《士相见之礼》8，银雀山汉简 1315、4923 中的饬都借为饰，而《老子》乙本卷前古佚书《十六经》140 上："见地夺力，天逆其时，因而饰之，事环（还）克之。"饰借为饬。《秦律十八种》56、122、123（2）、129 和秦简《秦律杂抄》42 中的攻通功，而《明君》405、406、416 等处的功通攻。阜阳《诗经》120："此右凋（绸）穆七十五字。"穆通缪。《十六经》109 上："缪缪天刑，非德必顷（倾）。"两个缪都通作穆。《孙膑兵法》155："辩疑以旌舆，申令以金鼓。"辩通辨。武威简甲本《少牢》25："尸取韭菹，辨擩（揉）于涅。"辨通辩。以上所举的鏊与鑿，饬与饰，攻与功，穆与缪，辩与辨都是互通的字。

相互通用的通假字与被通假字，当双方同声系的字增加到一定量时，有时也出现不同声系之间呈系列化的彼此通用。秦汉简帛通假字中较突出的有"昔"系列与"乍"系列，"童"系列与"重"系列的相互通用。

通假字与被通假字的相互通用，在历史上曾造成某些不同字之间功能的合并或互换。前者如埵踵，后者如醋酢等。

(三) 通假字与被通假字之间形体结构上的关系

根据我们的统计,通假字与被通假字之间为相互包容关系以及含有相同声符的接近 70%。

1. 通假字与被通假字为互相包容的关系。

通假字与被通假字包容的例子如乃与仍、扔、汈,几与机、饥,卜与赴,义与仪、议,千与阡,才与财、材,广与旷,女与如、汝,尸与鳲,勺与芍、酌,刃与仞、忍,山与疝,也与地、他,气与忾、汽,反与返、坂、饭,巨与矩、拒、钜等。被通假字为通假字所包容的有易和惕,挚、蛰与执,畚和弁,芫与兑,莎与沙,宵与肖,根与艮,衷和中,碑和卑,晨和辰,萃和卒,盛和成,葆和保,循和盾等。

以上都是相互包容的简单形态。此外,也有一些较复杂的情形,如才和在相通,亡和丧相通等。小篆的在从土才声,丧从哭从亡亡亦声。古隶文字与小篆极为接近。当时在和丧的声符还可以辨认,并不像现在的楷书一样面目全非。所以才与在、丧与亡也应是互相包容的关系。另一种比较复杂的形态是,通假字与被通假字彼此包容,其中一方是另一方的声符。如气通愾,愾从氣声,氣又从米气声。比通篦,篦从竹篦声,篦又从囟比声。瀿通乎,瀿从蜉声,蜉又从虫乎声等。还有个别更特殊的包容现象,如薨通薨,薨从死薨省声。

比较而言,简单的包容关系比复杂的包容关系多,被通假字包容通假字的用例比通假字包容被通假字的用例多。

2. 通假字与被通假字含有同样的声符。

这类通假字与被通假字彼此都是形声字。含有同样声符的通假字与被通假字也有各自不同的具体情况。有的声符处于同一个层次,有的处于不同的层次。如损与陨,难与叹,诽与匪,部与蹈,脂与诣,涂与途,粉与芬,格与客,振与赈、震,挚与絷,请与情、清、精,陵与菱,被与彼,海与晦,逢与锋、蜂,阅与锐,案与按,宵与消,党与倘,桥与矫,根与垦、垠、艰,株与诛,涧与简等,都同处在第一个层次。也有少数处在第二个层次的,如薄与薄等。有的通假字与被通假字的声符则处在不同的层次上。类似的例子如枇与筐、修与滌、洛与露、复同覆、欣同歆、袭同鎰、蕃同藩、歐与緟、晡与虾、卷与倦、疠与蛎等。

(四) 通假字与被通假字的繁简关系

就通假字而言,它的绝大多数是笔画较少或笔画一般的常用字。用生僻字作通假字的也偶有所见,但数量极其有限。如果比较通假字与被通假字笔画的繁简,则以笔画少的通假字代笔画多的被通假字为最多。我们对笔画少的通假字,以及对笔画一般和笔画多的通假字进行了抽样调查,发现四画的通假字比被通假字形体简单的占 85% 以上,九画的占 60% 多,十七画的占 40% 左右。基本趋向是,笔画越少的通假字以简代繁的比率越高,笔画一般的偏高,而笔画越多的越呈滑坡趋势。

抛开那些与被通假字的笔画相同的通假字不计,秦汉简帛通假字以简代繁的总比例也在 70% 左右。

三、秦汉时代大量使用通假字的原因分析

甲骨卜辞里有许许多多的假借字,据吉林大学古文字研究室统计,假借字在甲文中所占的比例在 90% 以上[①],后姚孝遂修正此说,云占 76%。但这些多是本无其字的假借,真正的通假是很少见的。以金文而言,陈抗同志在他的硕士论文《金文假借字研究》[②]中,收金文实词通假字(除开干支字、方位字)253 个(其中包含一些本无其字的假借),可见金文通假字也不算多。事实上,春秋以前,真正的通假字是不多的。刘又辛先生说越早的文献中通假字越多[③],是不符合实际的。通假字的剧增大约在战国秦汉时期。战国楚简、帛书里就有不少通假字,到以后的秦汉简帛中,通假字的规模达到了登峰造极的地步。

为什么战国秦汉时期通假字会出现剧增呢? 这是一个值得深思的问题。我们认为主要有两个原因:

一是形声字的大幅度增加。甲骨文的形声字只占 20% 多,金文占 40% 左右。春秋以后,由于汉字偏旁趋于成熟,为创造大量的形声字提供了条件。[④] 因此,春秋以后,形声字获得了长足的发

① 吉林大学古文字研究室《古文字研究工作的现状及展望》,载《古文字研究》第 1 辑,中华书局,1979 年 8 月第 1 版。
② 陈抗《金文假借字研究》,硕士论文,稿本,藏中山大学古文字研究室。
③ 刘又辛《通假概说》,巴蜀书社,1988 年 11 月第 1 版。
④ 张振林《试论铜器铭文的时代标记》,《古文字研究》第 5 辑,中华书局,1981 年 1 月第 1 版。

展,汉字通过增累、替换、讹变、声化①、新造等手段创造了大批形声字。

　　我们知道,汉字从来就有一种依靠文字形体显示词的音义的传统。早期的象形会意字依靠象形的线条、象形的部件及部件组合来显示词义。早期的假借字则是运用一些常用字来表示新词的读音。由于象形表意字对于显示复杂和抽象概念感到困难,假借又导致了汉字职能上负担过重和显示上的混乱,所以后来的形声字采取了双轨显示的办法,既继承了它们的优良传统,又弥补了它们的不足。

　　形声字由表意和表音两部分组成。它的意符和声符分别对词的意义和声音起一种"显示"作用。这种显示作用对词的理解和识别都极其重要。

　　秦汉简帛中的通假字和被通假字绝大多数是形声字。前面已经谈到,通假字与被通假字之间,有共同声符的和为相互包容关系的占总数的 70% 以上。有共同声符的通假字与被通假字都是形声字,为相互包容的通假字与被通假字至少有一方是形声字。这两类通假字与被通假字之间,要么有共同的声符,要么一方是另一方的声符,总之,它们之间在形体上有共同的部分。这共同的部分,从语言与形体两个方面把通假字与被通假字密切联系起来。

　　正是由于共同的部分在通假字与被通假字之间架起一座坚实宽广的桥梁,我们在理解含有通假字的句子时,才可能沿着这

---

① 　拙作《汉字声化论稿》,《河北大学学报》1990 年第 2 期。

一线索,在含有同一声符的谐声系列中,根据句子的意义,比较容易地确定被通假字的具体所指。我们有理由相信,在当时人们的心目中,对通假字的识别应当是自然的和比较容易的。唯有这样,通假字才可能大规模地使用。

二是古文字的隶变。战国中晚期到秦汉时期,正是古文字隶变阶段。这个阶段大致和通假字剧增的阶段相当,这并不是偶然的。事实是古文字的隶变与通假字的剧增有着必然的联系。

古文字阶段,汉字的形体是表意的,象形表意字所记录的本义和引申义可以通过字形看出或悟出。这样一来,虽然当时缺少系统的古文字字典,但在人们的心目中,这部字典实际上是存在的,因为大多数的字通过象形表意的形体在某种程度上"注出"了词的本义和引申义。这个特点,决定了当时的人们不会因为某字的形义暧昧而误用汉字,从而导致通假字的增多。而隶变阶段的情况却恰恰相反。古文字的隶变使汉字失去了原有的象形意味,同时造成了很多字的形体结构发生了讹变。结果是,很多字的形体失去了原来的"显示"功能,造成了字的形体与词义的脱节。正是由于字形与词义关系的隐晦或脱节,使得人们在用字的选择上常常感到困惑,从而导致了通假字的大量产生。

古文字的隶变,同时也使得很多汉字的功能由对词的内涵的"显示"变成"标示"。经由隶变的汉字,由于形体与字义的关系发生脱节,而只成为一个既不表音又不表义的、由笔画组合而成的方块。这种方块对它所记录的词起着"标示"作用。即它只是作为词的象征物,使不同字之间能够相互区别。隶变的这种趋向实际上是对古汉字的形与音义关系的一次革命性的否定,同样,使用通假字也不考虑通假字形体对被通假字词义的表现,只是把通假字作为一个符号来"标志"被通假字。通假字的这种否定字对词义表现的特点,在性质上和隶变对字的形与音义关系的否定倾向是一致的。既然通假字的剧增是在隶变对古文字传统形义关系的否定的大气候下进行,我们认为,它可能受到了隶变的影响和冲击。

古文字的隶变造就了很多与词的音义失去联系的汉字,给人们的学习、识别和使用带来了极大的困难。因此汉字运用了形声法则,对旧有汉字进行了大规模的改造。这种情况可以概括为汉字的隶变刺激了形声字的剧增,而形声字的增多又为通假字的剧增提供了条件。

四、通假字造成了字义与词义的
错综和字词的分立

大凡越是早期的汉字,字义与词义的关系就越单纯。画个山的形状,表示山这个词,这时字义与词义的关系是一对一的。字就是词,词就是字,二者可以合而为一,自从有了本无其字的假借后,字义与词义的关系才出现了错综复杂的局面。如甲文其字,像个簸箕,借为第三人称代词,这样其字就记录了两个词。秦汉时期,由于通假字的广泛使用,字义与词义的错综变得更为复杂。如毋与无、勿、侮相通,毋字代表三个词;周与州、舟、雕、调相通,周字代表四个词；付与俯、鮒、跗、附、咐相通，付代表五个词。同样，一个词往往可以用几个字来代替，如也这个词，可以用殹、繄两个字来代替，有可以用右、又、或三个字代替等。这样，使得字与词在分布关系上显得更为丰富多彩和错综复杂，从而导致了字与词关系的严重对立。也就是说字和词这两个概念在当时人们的心目中，会因为通假字的大量出现而出现清晰的分立。事实也正是这样。《说文》的着眼点是字，目的在于探讨字的本义。《尔雅》的着眼点是词，目的在于探讨词义。《释名》则是从错综复杂的字词关系中去探索词的本源。《方言》是通过理论各方言区用字的分歧，着眼于"词"，把不同方言区用字分歧统一起来。

五、结　　语

上面，我们从通假字自身的形态，通假字与被通假字的关系，秦汉时通假字剧增的原因，以及通假字对字词关系的影响四个方面对秦汉简帛的通假字进行了分析。这对于认识通假字的本质特征和秦汉通假字的特殊规律都是积极的和有益的。我们认为有三点特别值得一提：

（一）战国秦汉时期，使用的通假字最多。在这以前曾大量使用本无其字的假借，但真正的本有其字的通假很少。在经历了战国秦汉的高峰期以后，通假字又呈现骤减的局面。我们说明了战国秦汉时通假字剧增的原因是古文字的隶变和形声字的增多。

　　（二）在通假字的选用上，有两个基本的倾向，一是以简代繁，一是往往考虑对通假字的识别。正因为如此，秦汉简帛通假字以简代繁的占绝大多数，通假字与被通假字之间有识别标志的占绝大多数。

　　（三）通假字与被通假字的剧增导致了字与词的对立。这两个概念的对立，具有重要的理论价值和实际意义。由于字义与词义关系的错综和字词的分立，对于字义、词义、字词关系的探讨变得更加迫切。《尔雅》《释名》《方言》《说文解字》正是在这种背景下应运而生的。因此可以说，秦汉时通假字的剧增刺激了文字学、词汇学、词源学、方言学的形成和发展。

　　我们认为，传统的古汉语研究常常是字词不分，把古汉语中的一个字当作一个词，这种做法是不科学的和有害的。

原载《河北大学学报》1991 年第 4 期

诅 楚 文 辨 疑

　　秦诅楚文是战国晚期一种重要的古文字资料,从古到今,为历代文人学士所看重。关于原石的发现,散记于多种文献当中。容庚先生撰《诅楚文考释》①,曾就此进行梳理,其言甚为明晰。

　　诅楚文问世以后,苏轼首先为之赋诗并作序,其后宋元明清各朝以至近现代,都有文人学者为之题咏、著录、注释、考订。但是几乎在诅楚文发现的同时,就有人对它提出怀疑。最早向诅楚文献疑的是苏轼。接着,元代的吾丘衍、明代的都穆、清代的欧阳辅、近代的郭沫若、当代的陈炜湛先生都怀疑诅楚文的真实性。他们虽然献疑角度不尽相同,怀疑程度轻重有别,但所提出的问题是值得高度重视并加以认真研究的。

　　本文拟就前辈专家对诅楚文所提出的疑点,逐条加以辨析,希望有助于诅楚文真伪问题的探讨。

---

① 　容庚《诅楚文考释》,载《古石刻零拾》,北京琉璃厂来薰阁本,1934 年。

一、诅楚文文字方面的问题

　　元代学者吾丘衍在所著《学古编》里,说诅楚文"乃后人假作先秦之文,以先秦古器比较其篆,全不相类,其伪明矣"。近人欧阳辅"详审其字体",认为"非古文、非大小篆、与钟鼎文尤不类……断非周秦间物"①。陈炜湛先生也说:"如果认为北宋年间出土的是原石原刻的真品,当是地道的战国文字,具有战国文字的风貌和特点。但以之校传世的或出土的战国文字如铜器、符节、帛书、竹简,可均是格格不入。与战国的楚文字相比较,南辕北辙,其悖自不待言。即便与秦国本土文字相比较,也可以发现明显的乖异。有些字不合于春秋战国时期的秦器文字,而与秦始皇统一六国前后的文字相同或相似。"②又说:"就通篇文字而论,诅楚文的字体主要是小篆,而不是战国文字。"

　　吾丘衍是以"先秦古器"和诅楚文字进行比较,得出"全不相类"的结论的。他用以比较的"先秦古器"的具体内容已无从查证,但"先秦古器"包容广泛,先秦古器上的文字是一个发展变化的概念,它不能成为一个比较的标准。因此,仅从方法上看,这个结论就是靠不住的。欧阳辅认为诅楚文"非古文、非大小篆、与钟鼎文尤为不类"。其实,诅楚文虽与《说文》中的小篆不完全相同,

---

① 　欧阳辅《集古求真续编》卷八,癸酉年开智书局本。
② 　陈炜湛《诅楚文献疑》,载《古文字研究》第 14 辑。他处所引陈说均出此文。

但总体上仍可以看作小篆。据徐无闻的统计,诅楚文中 90%以上的字与小篆的写法一致①。可见,欧阳辅说诅楚文非小篆也是令人费解的。陈炜湛先生所做的工作似乎分成两步。先是以诅楚文比较战国时的六国文字,结果是"格格不入"。这个结论是可信的,但却不能借以怀疑诅楚文的可靠性。因为六国时"文字异形"严重,秦文与六国文字不同乃是正常的现象。陈先生又以诅楚文和秦国本土的文字相比较,结论是"有些字不合于春秋战国时期的秦器文字,而与秦始皇统一六国前后的文字相同或相似"。从逻辑上看,"春秋战国时期"与"秦始皇统一前后"在概念上有交叉之处。而且即使不计较这个概念上的矛盾,诅楚文"与秦始皇统一六国前后的文字相同或相似",也无损于它作为战国晚期秦文的真实性。

　　根据我们的研究,秦系文字的发展脉络当如下述:春秋前期,秦文就在西周文字的基础上形成有自己特色的大篆(以秦子矛、戈和秦公及王姬钟、镈为代表),这种大篆一直延续到春秋中后期(如秦公簋、镈和石鼓文等)。战国早期,秦文资料极其有限,但从有限的一点材料看,该时期的秦文应当是大篆的延续②。商鞅变法以后,秦文发生了较大的变化,大篆中那种繁复的字体已基本消失。如果用今天的眼光来看,这时的通用秦文实际上主要是由小篆和古隶组成的综合文字(由于文字的前后相因关系及六国文字的影响,其中仍夹有籀文和古文)。就这种综合文字的不同阶

―――――――――

① 　见徐无闻《小篆为战国文字说》,载《西南师院学报》1984 年第 2 期。
② 　一则因为春秋晚期的秦文字体尚较繁复、整饬,与战国中后期的秦文尚有较大的距离,必有一个发展的阶段;二则因为战国零星的秦文资料较接近于大篆而远于战国中后期文字。

段而言,早期类似于小篆的成分居多,后期类似于古隶的成分多。另外,在不同场合,运用时也存在着繁简上的差别。如兵器上的字较简,而瓦书、新郪虎符上的字较繁。

弄清了秦文发展的脉络,并把诅楚文置于特定的文字发展阶段,我们说诅楚文的文字是无可怀疑的。因为它和同时期的瓦书文字风格一致,甚至连某些特征字(如 壶)的写法也完全相同,同属于战国晚期秦文中较繁较整饬的一路。

陈先生在他的文章中还列举了一些具体的例子。但是,他列举的字证也不能作为怀疑诅楚文的证据。例如他所举的十、使、嗣见于与诅楚文同时或更早的秦文资料中。

十,诅楚文作 十 ,短横长竖,与诅楚文年代相近的瓦书和青川木牍也作 十 ,写法相同。古文字里,十和七的写法是相对的。在秦系文字中,七作 十 ,一直延续到汉代。七的特点是横长竖短,与之相反,十的特点是横短竖长。这两个字的区别,表现在横、竖两画长短的比例上,至于具体应用中,长画长多少,短画短多少,具有较大的随意性。

使,诅楚文作 使 ,与瓦书同。

嗣,诅楚文作 嗣 ,与石鼓文《雨师》同。

十、使、嗣既然见于与诅楚文同时或更早的秦文资料中,自然应当是可信的。

所举冥、威、输、曰、盛、赐、质、昔、盟、衔见于秦或汉初通用的综合文字当中或较之更早。

冥,《巫咸文》中吴本作 冥 ,绛贴本作 冥 ,中吴本湫渊作 冥 ,中吴本《亚驼文》与《巫咸文》同。马王堆医书中的冥字,从 宀 (或从冂)、从日、从大(或省),与诅楚文结构同。尤其是《五十二病方》119、129 的冥与诅楚文形体结构极近而显得稍晚。

　　威,诅楚文作 威 ,与马王堆帛书《老子》甲本 357、381、388、392,《春秋事语》8,《五十二病方》255 等同。

　　输,诅楚文作 输 ,与《睡虎地秦墓竹简》3·9·1、3·70·3、3·70·28、3·71·12,马王堆医书《合阴阳》15 等同。

　　曰,诅楚文作 曰 ,睡虎地秦简、马王堆帛书中曰字数以百计,皆与诅楚文同。

　　盛,诅楚文作 盛 ,与琅邪刻石同。与《五十二病方》318、351 等略同,而时代较之为早(从皿的写法可以看出)。

　　赐,诅楚文作 赐 ,与《睡虎地秦墓竹简》3·13·22、3·13·35、3·14·30,与马王堆帛书《战国纵横家书》138、298、316、317 等全同。

　　质,诅楚文作 质 ,与《睡虎地秦墓竹简》6·148·9、6·148·13、6·148·23,《老子》甲本 239,《战国纵横家书》138、164、165、167 等同。

　　昔,诅楚文作 昔 ,与《老子》甲本 26、438,《春秋事语》8、74 等相近,而较之更早(可以从字的上部看出)。

　　盟,诅楚文作 盟 ,与《睡虎地秦墓竹简》83·48·3 近似而略早(从字的下部可以看出)。

　　術,诅楚文作 術 ,与《睡虎地秦墓竹简》6·198·3、85·23·12 同,比《春秋事语》7,《老子》甲本 459,《战国纵横家书》56、68、146 等年代更早。

　　秦和汉初通用的综合文字与战国晚期秦国通用的综合文字

同属一种字体,代表着战国中期以来汉字发展的一个阶段。上述诅楚文各字,与秦和汉初通用的综合文字的写法,或相同,或较之更早,正好反映出诅楚文作为战国晚期比较整饬的秦系文字的特点。

当然,我们也应当承认,由于诅楚文三石南宋以后就不知所在,由于我们所见的刻本都不是原石原刻,某些笔形、个别字确实已经走样,如"为"字。这一点我们从不同刻本"为"字写法具有明显差异就可以看出。诅楚文时期"为"的写法,可以青川木牍为参照,那时"为"的写法很不固定,形体已不复象形。

诅楚文乱作 🖊 。陈先生说:"先秦古文字有嗣(司)无乱。嗣本作𤔲,后彐误为 乀 ,汉人不识,遂读为动乱之乱。是捣乱、混乱义之乱,乃汉以后出现的字,今不见于竹简、帛书、石鼓、铜器、货币、玺印等可靠的古文字资料,独独见于诅楚文,岂不怪哉?"从陈先生讲课时得知,他对这个证据是相当重视的。据我们考察,就现有文字资料而言,乱字始见于云梦秦简《日书》734 上,属战国晚期。李斯时的刻石也有此字,作 🖊 ,琅邪台刻石文曰"诛乱除害"、会稽刻石文曰"乱贼灭亡",用的都是动乱之类的含义。其次马王堆汉墓帛书《天下至道谈》28"中烦气乱",38"为之椯(喘)息中乱,曰烦",《足臂十一脉灸经》21"三阴之病乱,不过十日死",《却谷食气》4"天之乱气也",用的都是混乱义,其写法也与诅楚文同。

乱字虽然战国晚期才有,但乱这个词早已有之。召伯簋"余弗敢乱",写作 🖊 。战国楚帛书也有乱字,云"晷褘乱作","乱遴(失)其行","是胃乱纪","日月既乱","日月皆乱","又有乱",写

作 ⿰ 。乱字的使用情况大致是：西周作 ⿰ ，后来各诸侯国出现了不同的写法。诅楚文中的乱代表着秦系文字的写法。

陈先生还对诅楚文未见一处合文形式提出质疑。实际上，合文这个书写形式，从卜辞而下，呈递减趋势，到战国时期已经使用得很少。从偶见的几处战国晚期秦系文字的合文看，主要是官职名和数目字，未见有上帝一词合文者。而且即使是同一个词，此处为合文，他处为析书，也非常随便。新郪虎符中"五十"为合文，杜虎符"五十"就不合文。那么，诅楚文中未见一处合文，"上帝"一词写成析书并不足怪。

二、诅楚文语汇方面的问题

容庚先生首先指出诅楚文"绝似《左传》成公十三年晋侯使吕相绝秦书"①，此后杨树达又重申此说："此文辞多袭自成公十三年《左传》所载晋吕相绝秦书，以历史上他国詈己之文字，袭之以詈别一他国，亦趣事也。试取两文对勘，可知其绝非偶然矣。"②

绝秦书说："昔逮我献公及穆公相好，戮力同心，申之以盟誓，重之以婚姻。"诅楚文则说："昔我先君穆公，及楚成王寔缪力同心，两邦以壹，绊以婚姻，袗以斋盟。"绝秦书说："殄灭我费滑，散离我兄弟，挠乱我同盟，倾覆我国家。"诅楚文则说："欲划伐我社

---

① 容庚《诅楚文考释》，载《古石刻零拾》，北京琉璃厂来薰阁本，1934 年。
② 杨树达《诅楚文跋》，载《积微居小学述林》，中华书局，1987 年 7 月第 1 版。

稷，伐灭我百姓。"绝秦书说："入我河县，焚我箕郜，芟夷我农功，虔刘我边垂，我是以有辅氏之聚。"诅楚文则说："述取倍边城新郢及鄗、长敠，倍不敢曰可。"绝秦书说："背弃盟誓。"诅楚文则说："变输盟制。"

因为诅楚刻石文辞风格袭自《左传》，陈先生便认为诅楚文不可能是战国时的东西。很显然，陈先生是受了今文学家的影响。今文学家把《左传》看作伪古文。刘逢禄《春秋左传考证》即本左氏不传《春秋》之说，以为《左传》凡例书法皆由刘歆窜入，《汉书·儒林传》所载左氏传授系统也是出于刘歆之徒所造。以后今文学家廖平、康有为、崔适皆祖述其说。

其实，《左传》为伪古文之说早已被学者们所驳正。首先，司马迁《史记》采用了许多《左传》旧文，并利用《左传》《国语》等书，删繁挈要，作《十二诸侯年表》；其次虞卿、韩非见到过《左传》，并利用此书著书立说；再次，《左传》中有许多已验或不验的预言，可以证明它的成书在六国称王以前①。因此，《左传》不是伪古文，它的成书在诅楚文之前。既然《左传》在前，诅楚文在后，诅楚文沿袭《左传》就很好理解了。

诅楚文中还有一两句与古文《尚书》相似，如《武成》说："底商之罪。"诅楚文则说："以底楚王熊相之多罪。"《泰誓》说："刳剔孕妇。"诅楚文则说："刑戮孕妇。"伪古文《尚书》的年代固然不属先秦，但仅凭一两句话的说法相似，就断定诅楚文袭自伪古文《尚书》是很不妥当的。因为语言当中的基本句式（尤其是古汉语的

———————————

① 参看徐中舒《左传的作者及其成书年代》，载《左传选》，中华书局，1963 年 9 月第 1 版。

基本句式）、基本词汇有限，而表达的内容却又丰富多彩，因此相近的内容，在不同的时期采用相近的句式，使用相同或相近的词语是不足为怪的。更何况"底……罪""刳剔孕妇"都是极常用的动宾词组，"底"、"罪"、"孕妇"都是极常用的词呢？

　　诅楚文中的个别词语也引起了献疑者的注意。陈先生说："如'章'，本为汉时人臣上书于天子，后又称奏章、表章，诅楚文曰'箸者（诸）石章'，分明是汉以后人做文章的口吻。"奏章、表章之章乃是奏疏类的文体，《独断》："章者，需头称稽首上书，谢恩陈事，诣阙通者也。"《文体明辩·章》按："刘勰云：'章者，明也。古人言事皆称上书，汉定礼仪乃有四品，其一曰章，用以谢恩，乃考后汉论谏庆贺，闻亦称章，岂非流之寝广欤？自唐以后，此制遂止'。"因此，奏章、表章之章乃是汉代人臣上书谢恩、或论谏庆贺所用的文体。如果用这个意义来理解"箸者（诸）石章"的章，于文义既不合，于语法也讲不通。"箸者（诸）石章"的"者（诸）"是"之于"的合音，"之"指代诅楚辞，"于"是介词，相当于"在"，"箸者石章"犹言"箸之于石章"，意即"把诅楚文辞刻写在石章上"。可见"章"只能是箸（刻写）的对象，而不可能是一种文体。

　　这个"章"字应理解为"璋"。璋是章的孳乳字，本只作章。競卣、师遽方彝、颂鼎、召伯簋中璋均作章，可证。《说文》玉部："剡上为圭，半圭为璋。从玉，章声。礼六币，圭以马，璋以皮，璧以帛，琮以锦，琥以绣，璜以黼。"《大宗伯》："以赤璋礼南方。"则璋是一种可以用于祭祀的半圭形的币。结合侯马盟书和温县盟书看，璋不仅作为祭祀用币，同时也是盟辞或诅辞的载体。因此，诅文"箸者石章"就是"把诅楚文辞刻写在石质的璋上"的意思。那么，诅楚文刻石的形制就是璋①。从侯马和温县所出璋的情况推测，诅楚文三篇当分别刻写于三件石璋上，每件璋都两面刻写，每行字数参差不等。当然，诅楚文和上述两种盟书也有不同之处，表现在：前者是刻的，而后者是写的。这种差别是由不同的文化背景决定的。秦国的石刻如石鼓文、李斯碑等都是镂刻上石的。

三、情理方面的问题

苏东坡说："秦之不道，诸侯诅之，盖有不胜其罪者，楚不诅秦而秦反诅之，凡数其罪，考其《世家》亦无其实，岂有聪明正直之神而甘受绐于尔之浮词，而甘受谀于尔之牲币乎？"②苏氏于此首倡诅楚文之情理可疑。陈炜湛先生更详细地考察了秦楚关系，结论是"楚无负于秦而秦常诈楚"。并且认为秦楚即使有盟誓在先，该诅咒的是秦而不应是楚。

春秋战国时代，诅盟完全是被政治所利用的手段。在《春秋》《左传》中关于盟誓的记载，占了很大篇幅。从鲁隐公元年到哀公二十七年（公元前722～公元前466）的二百五十四年中，诸侯之间的盟誓就有近二百次。其中背盟、伪盟之事时有发生。如《左传》僖公二十五年："秋，秦晋伐都。楚斗克、屈御寇以申、息之师戍商密。秦师过析隈，入而系舆人以围商密。昏而傅焉。宵，坎血加

---

① 拙文《从"箸者石章"的解释看诅楚文刻石的形制》,《学术研究》1992年第1期。
② 转引自王柏《鲁斋王文宪公文集》卷四,续金华丛书本。

书，伪与子仪、子边盟者。商密人惧曰：'秦取析矣，戍人反矣。'乃降秦师。囚申公子仪、息公子边以归。楚令尹子玉追秦师，弗及。"这件事提到秦人不仅为伪盟，而且在战斗中获胜。其他背盟之事亦数见不鲜。

背盟和伪盟都是欺神之举，这说明至少到了春秋时期，神的地位已明显下降，神已经成为统治者所利用的工具。因此诅楚文即使有慢神之举也是可以理解的。况且秦在总体上负于楚，但在局部，在某些具体问题上，楚也确有负秦之处。

陈先生还提出一个反证："既然诅楚是在秦惠文王五十三年楚怀王十七年，且'箸诸石章'，同时刻于数石，楚不可能不知，楚怀王既知秦有此诅，且丑呼自己之姓为熊（从铜器铭文知楚王自称姓酓），把自己描绘得罪恶滔天，怎么可能还会与秦王会黄棘，怎么还肯经武关入秦？秦楚之间又怎么互相'迎妇'呢？"这个证据其实是脆弱的。首先，秦诅楚之事楚未必能知道。诅咒他国之事大都很隐秘，加之刻石又埋在地下，或沉在水里，楚知道的可能性当很小。而且楚怀王即便知道秦国诅咒自己，也不会因此而与秦国绝交。如果楚怀王连这点涵量都没有，他就不可能领导一个偌大的国家在复杂的政治军事环境中生存下来！历史上的楚怀王是不会因为秦曾咒骂过他就与秦绝交的。怀王十六年，秦令楚与齐绝，许楚以商於之地六百里，楚仅得地六里；怀王十七年，秦击楚于丹阳，斩甲八万，虏大将军屈匄、裨将逢侯丑等七十余人，并取汉中之地，楚不照样与秦会黄棘（怀王二十五年，事见《六国年表》），经武关入秦（怀王三十年，事见《六国年表》）吗？秦楚之间不照样"迎妇"（怀王二十四年，事见《六国年表》）吗？

四、史实方面的问题

诅楚文的史实有些是可以直接与载籍相对应的。如诅楚文中楚王"倍十八世之诅盟，率诸侯之兵以临加我"，是指怀王十一年担任纵长，率齐魏韩赵燕共攻秦（见《史记》和《战国策》）。诅楚文"述取晤边城新郢及郙、长敓，晤不敢曰可"，是指楚怀王十六年，张仪以商於之地欺楚绝齐，楚发兵攻秦（见《史记》）。诅楚文"今又悉兴其众，张矜慝怒，饰甲底兵，奋士盛师，以偪晤边竞，将欲复其脮速"，是指怀王十七年丹阳战败后，悉国中之兵，与秦复战于兰田事（见《史记》）。又如诅楚文所数"楚王熊相之多罪"，虽然具体罪状古书失载，却与《楚辞》"灵修浩荡（荒唐）"一语相应。陈先生怀疑这段"罪名"不实，引《史记·楚世家》"怀王卒于秦，秦归丧于楚。楚人皆怜之，如悲亲戚"，证明怀王不当为狂暴之君。这是说明不了问题的。怀王作为楚国之君，被强秦扣留，并客死他乡，即便他是暴君，也会引起国人的怜悯和悲哀。因为这时民族矛盾已经上升，国人把他的死看作是楚国的国耻。既痛心他的可怜结局，更痛心楚国的悲惨命运。

诅楚文中"十八世之诅盟"和"绊以婚姻"从古书里找不出直接的对应，这似乎应当视为古书失载。陈炜湛先生认为，婚姻和诅盟在当时皆为大事，《左传》不可能失载。这也未必。因为《左传》是在鲁《春秋》的基础上写成的，由于史官宥于见闻，不可能把所有的大事都记进去。从新出的春秋铜器看,有不少诸侯间的婚姻大事见于铜器铭文,却不见于《左传》。

五、诅楚文地望方面的问题

王之望说:"古者诸侯祭不越望,亚驼并州川属晋,秦楚结好以摈晋,乃越晋而质之何也?"①王之望认为,古人祭不越望,亚驼在晋地,秦不可能越境祭祀它。从王氏的推理看,大前提正确,小前提是错误的。《古文苑》引王厚之顺伯音释及跋:"亚驼即呼池河,顾野王考其地在灵丘,竹书纪年穆公十一年取灵丘,故亚驼自穆公以来为秦境也。"董逌也有类似的看法,他说:"王存乂以亚为乌,今考钟鼎铭恶或为亚,古文于书盖假借从声,其书自当如此。周礼曰:'江有沱',其字本作池,后世不知书学,故以沱为池,以驼为沱。此宜读恶池为亚驼,不足怪也。乌池在周为沤夷水。起北地东入河,一名滹水,九泽之一也。顾野王考其地在灵邱。竹书纪年穆公十一年,取灵丘。"很显然,亚驼虽为晋地,但从穆公开始已纳入秦的版图。因此,秦之祀亚驼,不能算作"过望"之举。

宋章樵说:"盟石告神当于其地,巫神在解州盐池,告文不应远在古雍。"②章樵所谓"盟石告神当于其地",纯属想当然之词。实则古人祭神不必都亲至其地。如《左传》哀公六年:"初,昭王有

① 王之望《汉滨集》卷一五,四库全书本。
② 章樵《古文苑》卷一,四部丛刊本。

疾,卜曰:'河为祟。'王弗祭。大夫请祭诸郊。王曰:'三代命祀祭不越望。江、汉、雎、漳,楚之望也,祸福之至,不是过也。不穀虽不德,河非所获罪也。'遂不祭。"楚昭王有病,占卜说河神作怪,大夫们便请求到郊外祭祀河神,便是明证。

原载《河北大学学报》1992 年第 2 期

试论秦国历史上的三次"书同文"

提起秦国历史上的"书同文",人们会不约而同地把它与秦始皇时期的"书同文"对应起来。因为在我们过去的认识中,"书同文"所表达的就是这种特定的含义。

通过对秦国历史的全面考察,我们发现秦国历史上确曾有过三次"书同文"。

一、秦国历史上的第一次"书同文"

(周桓王时期)

秦国历史上的第一次"书同文"发生在周桓王时期,即公元前719年到公元前697年之间。这次"书同文"对当时在秦国通用的文字进行了一次全面系统的整理和规范,编成《史籀篇》,再将《史籀篇》中的标准体——大篆推向全国。

让我们把秦文实际和古书的记载结合起来看。

目前所知道的最早的秦国青铜器是不其簋,铭文说:

> 唯九月初吉戊申,白氏曰:"不其,驭方猃狁广伐西
> 俞,王令我羞追于西,余来归献禽。余命女御追于畧,女
> 以我车宕伐猃狁于高陶,女多折首执讯。戎大同永追
> 女,女及戎,大章戟。女休,弗以我车陷于艰,女多折首
> 执讯。"白氏曰:"不其,女小子,女肈诲于戎工,易女弓一
> 矢束、臣五家、田十田,用逆乃事。"

据李学勤先生研究,不其就是秦庄公,名其,周宣王时人。不
其簋记载的史实,可与《史记·秦本纪》中"周宣王乃召庄公昆弟
五人,与兵七千人,使伐西戎"之事相对应[1]。不其簋上的字体与
西周晚期其他铜器上的铭文完全一样,表明秦国文字在周宣王时
还没有形成自己的风格。

秦文风格的形成是在春秋早期,该时期的秦子戈、秦子矛(都
是秦出子时的兵器[2])、秦公及王姬钟、秦公及王姬镈(都是秦武公
时的乐器[3]),其铭文的结构和体态,都具有明显的地域特色。这
种特色延续了整个春秋时期,春秋中期晚段的秦公簋、秦公镈,春
秋战国之交的石鼓文都是如此。它一直延续到战国早期。这种
早期的秦文和《史籀篇》中大篆的字体风格一致,显系同一种
字体。

---

① 《秦国文物的新认识》,《文物》1980年第9期。
② 参见王辉《秦铜器铭文编年集释》8~9页,三秦出版社,1990年7月。
③ 卢连成、杨满仓《陕西宝鸡县太公庙村发现秦公钟、秦公镈》,《文物》1978年第11期。

　　早期大篆规范化程度都相当高。偏旁和单字的写法非常一致，异体罕见。如果认为这是秦人在继承西周文字的基础上自然发展而来的文字，是不能令人置信的，它显然经过一次全面系统的整理和规范。只有经过整理和规范才会遏制异体的产生。秦初的小篆、解放以后的简化字的情形和早期大篆一样，都是经过整理和规范的结果。

　　这次整理和规范的工作是在周桓王时。《汉书·艺文志》载《史籀》十五篇，注云："周宣王太史作大篆十五篇。"①这里的"宣王"应为"桓王"之误。古籍中"宣"与"桓"每每通用。如《礼记·檀弓下》"曹桓公卒于会"，《左传·成公十三年》作"曹宣公"；《战国策·秦策四》"魏桓子骖乘"，《韩非子·说林上·十过》《淮南子·人间》《说苑·权谋》并作"魏宣子"。曹国既有桓公又有宣公，西周既有宣王又有桓王，然而张冠李戴，互相弄混，当与某些史实靠口耳相传有关。

　　周桓王在位与秦文公晚年、宁公、出公相当。秦文公、宁公、出公到秦庄公，已有百年左右的时间。在我们现在的认识当中，这一阶段的秦文资料几乎是个空白。出土少固然是一个原因，但在已出土的材料中也可能有属于秦国的，我们尚不能将其区别出来。李学勤先生对不其簋的研究在这方面是一个重大突破，如果我们朝着这一方面继续努力，很可能会有新的创获。虽然秦庄公到秦文公、宁公、出公之间还没有秦文资料可凭，但可以想见，这一阶段秦文在西周晚期文字的基础上逐渐形成了自己的地域特

---

① 过去将该句断作"周宣王时太史，作大篆十五篇"，误。今更正，理由见下文。

色,当然也会出现某种程度上的用字混乱。在这种时候,秦国对现行文字进行一次整理和规范,并编出一部字书作为样本,是历史的必然。

这次书同文的工作是由太史进行的。《汉书·艺文志》《史籀》注:"周宣王太史作大篆十五篇。"过去由于断句不当,把"太史"误解成了周宣王的太史。实则应从"周宣王"后断开,全句是说"周宣王时,太史作大篆十五篇"。事当春秋早期,而秦又继承了周文化,言秦国事而以周王记时,是合乎情理的。据《史记·秦本纪》文公十三年"初有史以纪事,民多化者",可见秦文公、宁公、出公时已有史官,并已发挥着重要的作用。

这次书同文的工作是一次非常成功的工作。突出特点是:大篆保持了秦文的地域特色,规范化程度极高,并得到了实实在在的推广。这从秦武公以后的铜器用字上得到了充分的显现。

二、秦国历史上的第二次"书同文"
(秦孝公时期—秦始皇统一中国)

秦国的大篆至少从战国中期,即秦孝公时期开始,发生了明显的变化,渐渐演变为一种繁简夹杂的综合文字。其中主要成分是小篆和隶书,由于文字的继承关系以及六国文字的影响,当中也夹杂着一些籀文和古文。这种综合文字一直延续到西汉前期。

过去,有些文字学者把战国中期以后秦系综合性的通用文字笼统地称之为"小篆""草篆""篆隶之间""古隶"，都是不科学的。实际上它是一种包蕴丰富的综合文字。

第二次"书同文"的特点是，随着兼并战争的展开，秦国便把自己的综合性通用文字不断地推行到所占领的地方。

经过商鞅的两次变法，秦国的国力逐渐强大，于是通过对外战争不断地向外扩张。往往每得一地，就在那里推行秦的政治、经济和文化。如建立郡县制，推行秦的法律和度量衡的标准等。与此同时，他们还强制性地推行秦国文字。四川青川县出土的秦木牍，就是公元前316年秦灭巴蜀后，在那里推行秦田律和文字的有力证明。青川木牍使用的文字和战国晚期秦国本土使用的文字是一致的，都是那种繁简夹杂的综合文字。在此之前，此地流行的是地地道道的巴蜀文字。湖北云梦睡虎地秦简，某些内容写于战国末年，是秦统一该地区后，用综合性通用文字书写秦律，并在此推广的历史见证。云梦本属楚国，而秦简上的文字与战国晚期楚国的通用文字（如鄂君启节）却大相径庭。这些都说明，秦国随着对他国诸侯的兼吞已经在逐渐进行书同文的工作了。

由于秦国在兼吞他国诸侯的同时推行秦文，使得原来通用的他国古文在固有土地上逐渐失去其合法地位，到秦统一中国时，整个统一国家的通用文字都是秦文。

这次书同文古籍中并没有明文记载，但它确确实实存在，而且是很成功的。它从战国中期开始，到秦灭六国结束。

【补记：黄德宽和陈秉新先生已指出，汉字使用的实际和典籍的记载，可以表明周秦时代至少有两次汉字整理活动。一次在西周中晚期到春秋之时，一次在秦始皇时期。前者大致和我们所谓

的第一次"书同文"相当。关于这一次"书同文",两位先生说:
"《礼记·中庸》载:'(子曰)今天下车同轨,书同文,行同伦。'《管
子·君臣》也云:'衡石一称,斗斛一量,丈尺一绰制,戈兵一度,书
同名,车同轨,此至正也……先王之所以一民心也。'《礼记》《管
子》记述的'书同文(名)',可能发生在西周中晚期到春秋之时,详
情已不得而知。文字学史上第一部字书《史籀篇》可能就是配合
这次文字整理而编写的。"见其所著《汉语文字学史》,第9页,安徽
教育出版社,1990年。】

三、秦国历史上的第三次"书同文"

(秦始皇统一中国以后)

　　秦始皇时期的"书同文",史书有明确记载,或称"书同文
字"①,或称"同书文字"②,或称"同天下书"③,或称"同文书"④,可
以分别对译成"书写统一文字","统一书写文字","统一天下书写
用字","统一文字书写"。在20世纪80年代以前,对此并没有疑
义。1984年,谭世保先生撰文对"书同文"提出新解,他认为:"'书
同文'的书……是指帝王的号令。""秦始皇的'书同文'是指命令

---

① 《秦始皇本纪》二十六年引。
② 《秦始皇本纪》二十六年琅邪刻石。
③ 《六国年表》秦始皇二十七年下。
④ 《李斯列传》秦始皇三十四年。

的格式、内容统一,而不是指字体形状的统一。"①这一观点在学术界产生了一定的影响。其实,谭先生的证据非常脆弱,说法是根本靠不住的。让我们一起分析一下他的例证。

谭先生引《汉书·艺文志》"书者,古之号令",来说明"书同文"的"书"特指帝王的号令。实际上《汉书·艺文志》里的"书"与"书同文"的"书"是两个不同的概念。前者是《尚书》的简称,和《论语·为政》"书云:'孝乎惟孝'"的"书"同义。

谭先生说:"秦朝称皇帝之命为'制书',令为'诏书',统而言之,常把命令省作为'书'"。这也不够准确。据我们考证,"制书"和"诏书"是汉以后才有的说法,《后汉书·光武帝纪上》建武元年九月注引《汉制度》:"帝之下书有四:一曰策书,二曰制书,三曰诏书,四曰诫敕……"秦代只称"制"和"诏"。《史记·秦始皇本纪》:"命为制,令为诏。""制"字古已有之,如《礼·曲礼下》:"士死制。"本指帝王的命令,秦代开始专指皇帝的诏命。"诏"是秦代产生的新字,李斯《苍颉篇》有"幼子承诏",段注:"秦造诏字,惟天子独称之。"《文选》卷三五潘勗《册魏公九锡文》注引蔡邕《独断》:"诏犹诰也,三代无其文,秦汉有也。"

既然秦无"制书""诏书"之称,秦"常把命令省作为'书'"的推断就不能成立。

谭先生还引始皇给公子扶苏的遗命称书、秦律《行书律》和《正义》对"书同文"的解释来证明书指帝王的号令。

《秦始皇本纪》:"上病益甚,乃为玺书赐公子扶苏曰:'与丧会

---

①　谭世保《秦始皇的"车同轨,书同文"新评》,《中山大学学报》1980 年第 4 期。

咸阳而葬。'书已封,在中车府令赵高行符玺事所,未授使者。"又"高乃与公子胡亥、丞相斯阴谋破去始皇所封书赐公子扶苏者而更诈为丞相斯受始皇遗诏沙丘,立子胡亥为太子。更为书赐公子扶苏、蒙恬,数以罪,赐死"。在这一语言环境中,"书"和帝王的遗命是重合的,但这并不等于说"书"就有帝王遗命的意思。如果给它作注的话,应该说:书,书信或尺牍,这里指始皇的遗命。"书"和"帝王的遗命"是一般与个别的关系。在特定情况下,一般与个别可以重叠,一般可以包括个别,但个别不能等同于一般。这个道理是显而易见的。

《秦律十八种》的《行书律》:"行命书及书署急者,辄行之;不急者,日觱(毕),勿敢留,留者以律论之。""行书"的"书"应包括各种各样的书信尺牍。既包括帝王之命,也包括平民的书信。这一点可以从"行命书及书署急者"知道。原注:"命书,即制书,秦始皇统一后改'命为制'。"①"命书"与"书署急者"并列,推知"书署急者"的"书"是与"命书"相对的概念,应包括"命书"以外的书信。睡虎地四号秦墓出土的两件家信木牍,记载兵卒与家人之间也有书信往来,这些书信也是靠官方来进行传递的,也在"行书"的"书"之列。

《李斯列传》:"明法度、定律令,皆以始皇起。同文书。治离宫别馆,周遍天下。"谭先生引《正义》对"同文书"的解释"六国制令不同,今令同之"来说明"书"指始皇时的命令。这也是一种误解,《正义》的意思是说:"六国的文字制度不同,现在用行政命令

---

①　睡虎地秦墓整理小组《睡虎地秦墓竹简》103页,文物出版社,1978年11月。

统一起来。"如果真如谭先生所说，就应当把这一注解加到"明法度、定律令"之后才是。

从一般意义上讲，如果"书同文"是指"命令的格式、内容统一"，就没有什么实际意义。自古以来，帝王的命令在下达的过程中都不得篡改，夏商西周如此，春秋战国也如此，秦国根本没有必要用"同书文字"之类的话来加以强调。

第三次书同文是在第二次书同文的前提下进行的。随着秦国逐渐统一六国，秦国综合性的通用文字也逐渐在六国传播，尤其一些较早为秦所灭的国家，秦国文字的传播就更彻底更深入。到秦统一中国时，秦国的综合性通用文字已自然而然地取代了六国文字，成为全国的通用文字。因此第三次书同文，不可能也没必要用秦国综合性的通用文字来同一文字。有人认为秦始皇统一六国后的书同文实质上是以隶书同一全国用字[①]，这是一种误解。

第三次书同文是试图用小篆来统一全国用字。

秦国综合性通用文字是一个开放的体系，而且是一个不断流动的过程，繁简杂呈，异体众多。一个高度集权的新兴国家，用这样的文字作标准体是不太适宜的。于是秦始皇命令李斯、赵高、胡母敬等人召集一班文人学士，利用《史籀篇》损改照搬，并参考当时通用的秦系综合性通用文字（主要是繁体），这样形成一套标准的小篆来推行全国。

---

① 　参见北文《秦始皇"书同文字"的历史作用》，《文物》1973 年第 11 期；裘锡圭《从马王堆一号汉墓"遣册"谈关于古隶的一些问题》，《考古》1974 年第 1 期；吴白匋《从出土秦简帛书看秦汉早期隶书》，《文物》1978 年第 2 期。

　　小篆源自秦系文字,比籀文简单,比综合性通用文字整饬、庄重、典雅,在统治者眼中,它既能反映秦文传统,又繁简适中,是十分理想的标准字。可由于种种原因,推行小篆偏偏没有成功。

原载《河北大学学报》1994 年第 3 期

略论汉字的象形特点

汉字的象形特点,历来为人们所注目。20 世纪 50 年代以来,学术界普遍认定,小篆以前的汉字(古汉字)是象形文字,隶书及其以后的汉字(现代汉字)是表意文字。进而认为,古汉字是具有象形特点的,今隶以后,汉字的象形特点就悄然消失了。

这一观点,迄今仍具有代表性。结合汉字的实际,我们深切感到,它对汉字象形特点的理解太狭隘、太肤浅了。

事实上,汉字象形特点像一条生生不息的脉搏在汉字肌体中跳动着,它联系和制约着汉字的各个重要层面,是必须进行深入探讨和全面估量的。

一、汉字象形特点的形成

要弄清汉字象形特点的形成,必须把汉字起源问题结合起来。传统的看法是"文字起源于图画",但是 20 世纪 70 年代以来,有些学者主张文字起源于结绳、契刻、图画等原始记事方法[①]。这个观点纠正了传统看法的偏颇，为大量人类学、民族学材料所证明，越来越得到学术界的认同。

我们认为，上述看法是正确的。和其他文字一样，汉字也起源于原始的记事方法，如结绳、契刻和图画[②]。结绳等原始记事方法都具有"以形显义"的特点，契刻、图画的具体形象或图案或原封不动地，或经过加工后成为文字的符号，因此，汉字的象形特点，是由原始的记事方法决定的。

二、象形特点在汉字构形中的体现

汉字造字法中贯穿着象形特点，已是公认的事实。然而按逻辑进程进行梳理，则为人们所忽视。这里我们粗分为六类：

原始象形。通过单纯描摹事物的形象来记录反映它的语词，这类往往都是名词。有些是生活当中实在的形象，有些是理念世界中抽象或虚无的形象；有些是整体的形象，有些是部分的形象。如人、马、犬、牛、羊、鸟、虫、鱼、山、水、上、下、鬼等。

衬托象形。因单纯描绘事物的形象不足以明义或容易与其

---

① 郭沫若《古代文字之辩证的发展》，《考古》1972 年第 3 期；汪宁生《从原始记事到文字的发明》，《考古学报》1981 年第 1 期。

② 陈炜湛、唐钰明《古文字学纲要》19～22 页，中山大学出版社，1988 年 1 月第 1 版；曾宪通《汉字起源的探索》，中国语言学第四届学术年会论文。【曾文后刊于《中国语言学报》第 4 期，商务印书馆，1991 年。又收入《曾宪通学术文集》，汕头大学出版社，2002 年。】

他字混淆，而出现的在本体基础上连带或附加形体的方法。如冒（帽）、须、眉、胃、面、果、瓜、向、冂等。

　　指事象形。概念所表示的是事物的局部，于是先画出事物的整体，再用一个简单符号标明它在整体中的位置。如刃、本、未、末等。

　　象事象形。所记录的语词是动词或形容词，用一个较为复杂的画面来表示，这个画面中的组成部分具有生活当中的事理联系。如逐、射、休、弃、祭、育、书、塞等。

　　象意象形。所记录的多为形容词，表示事物的性质。通过描摹某一具体的事物，来表示该事物所蕴藏的某种特性。如小、大、黑、白、黄、高、凸、凹等。

　　表意象形。用表意手段、分段描写的方法来描摹事物的形象，如尖和尜[1]。

　　造字法中的象形特点，主要依托古汉字而存在，但在隶变以后的现代汉字里也有所体现。

　　尤其值得注意的是，汉字的象形特点不仅贯穿在造字法当中，也贯穿在改造法[2]当中。

　　我们曾经总结出"象形表意法"和"象形表音法"两种新的结构方法[3]。它们都是在汉字诞生之后，对既有汉字形体进行加工而形成的改造法，象形表意法和象形表音法是指在保留原字的框

---

[1]　尜，音 gá，一种儿童玩具，两头尖中间大。
[2]　拙著《试论汉字形体结构围绕字音字义的表现而进行的改造》，河北大学硕士论文，1987 年【已发表于《中国文字研究》第一辑，广西教育出版社，1999 年】。
[3]　拙著《试论汉字形体结构围绕字音字义的表现而进行的改造》，河北大学硕士论文，1987 年【已发表于《中国文字研究》第一辑，广西教育出版社，1999 年】。

架轮廓或特征部位的前提下,把原字中的部分形体改成表意或表音偏旁。前者如孙叔敖碑阴中的龟字(从黾,字下从两虫)。古文字龟的写法是象形的,到了隶书,象形意味丧失殆尽。故省掉部分形体,保留原字的框架,加上两虫来帮助表达字义。类似的例子有子禾子釜的丙、唐公房碑的鼠、夏承碑的宝、《居延汉简甲编》的宽、《流沙坠简·简牍遗文》20 的幸、魏元云妃李氏墓志铭的发、唐泾阳令梁秀墓志的后、唐李休墓志的贤字等。后者如丧字,甲骨文丧字从桑从众口,金文毛公鼎的丧字继承甲骨文的形体,顺势把桑树的根部改成"亡"以表丧字之音。同类的还有师奎父鼎的霸、史晨后碑的肉、李翊夫人碑的黍、武荣碑的翰、谯敏碑的耻、孔宙碑阴的厚、魏青州刺史元始墓志的邑、王悦墓志的詹、《通俗小说》《三国志平话》的舞字等。

三、象形特点在字体演变中升华

汉字自产生以后,字体处在不断的演进之中。前一阶段的汉字和后一阶段的汉字之间存在着千丝万缕的联系,这种联系基本上是一种形体特征的继承性,它是人们在认知过程中产生相似联想的物质基础。

就甲骨文而言,西周甲骨文以商代甲骨文为参照。就金文而言,西周金文以商代金文为参照,春秋金文以西周金文为参照,战国金文以春秋金文为参照。西周文字以商代文字为参照,春秋文字以西周文字为参照,战国文字以春秋文字为参照,秦代文字以战国秦系文字为参照。汉代文字以秦代文字为参照。后一阶段的文字以前一阶段的文字为参照,因此相承的两种字体之间在轮廓和特征上往往相同相似,容易在认字时产生定向联想。譬如在隶变的四大规律中,第一条便是保留原字的框架轮廓或特征部位①。汉字字体演进中的这个特点,可以看作是汉字象形特点升华为更高的层次。

四、对汉字象形特点的评估

1. 汉字的象形特点是汉字构形的基础,它孕育并蕴藏着汉字的表意特点。汉字的象形特点和表意特点二者是浑然一体,密不可分的。

2. 汉字的象形特点既十分突出,又源远流长,构成了汉字基本特质的一个重要方面。

3. 汉字的象形特点为汉字形体的逐步简化提供了可能性。

4. 汉字象形特点是古今汉字传承的基础。

5. 汉字的象形特点是书法艺术赖以生存的基础。

原载《现代语言学》1994 年第 1、2 期

---

① 见本书前文所论。

汉字声化论稿

　　"声化"是一种重要的文字现象。就"声化"问题进行探讨，无论是对文字形体演变的规律，还是对形声字来源的认识，都将产生积极的影响。

一、"声化"问题的提出及刍议

　　20世纪30年代，唐兰先生在北大执教，写过一本叫《古文字学导论》的讲义。在这本书里，唐先生首先提出了非声字(包括他的象形和象意两类)的声化。以后，在他1949年出版的《中国文字学》里又用三段文字加以阐述。其中一段指出象意字的声化。他说：

　　　　中国语言里的动字，区别字，大都和名字的声音相同，而只有小差别。名字是"食"，动字是"飤"；名字是"子"，区别字是"字"；名字是"鱼"，动词是"鱼力"，区别字是"渔"(渔本像鱼在水中),因之,写为文字时,有许多象意字,可以只读半边,我们称为象意字声化。①

其中另一段指出把物形的某一部分直接变作声符,从他的例子看,是象形字的讹变声化。原话说:

> 把物形的某一部分直接变作声符,应作为声化的一类。例如"狽"字本像一个兽,尾梢粗,后来又把尾梢改成"贝"字,从犬,贝声。"鼍"字本像尖嘴的鳄鱼,现在身子作为黾字,而嘴头变成"單"字,从黾,單声。这种字的来源,大多由于形体的错误。②

还有一段涉及对声化象意字性质的理解。也移录于下:

> 从象意文字看,也有用重益的方法的,不过大多数是声化,这种声化象意字,在文字的性质上,我们还算它们是象意,不是形声。用攴(扑)来敺羊是"敇"字,用殳来打声(磬的象形)是"殷"字,这都是动字;宀内有缶是"宯"字,林中有示是"禁"字,这都是区别字;从历史上看,此类在形声文字前都已存在了。③

---

①　唐兰《中国文字学》97 页,上海古籍出版社,1997 年。
②　唐兰《中国文字学》103 页。
③　唐兰《中国文字学》103～104 页。

从我们征引的三段文字看,唐先生所做的工作还是草创性的。① 他只提出了未经讹变的象意字(例中只有会意字)声化和象形字的讹变声化。② 唐先生未能从理论高度对声化进行深入探讨。

　　事实上,声化不仅在象形、指事、会意和形声当中,而且在未经讹变和经由讹变的字当中都是存在的。声化理论也亟待进行进一步探讨。

　　我们认为,所谓声化,实际上就是指既有字音系统(参见下一节声化的客观条件)对音同音近字的影响和冲击,使得被声化者当中与声化者相同部分类化成声符的现象。

　　下面,我们把唐兰先生论述中的用例排成下表,并加以说明:

被声化者	声化者	被声化者	声化者
飮	食	字	子
叙	鱼	渔	鱼
狈	贝	鼍	單
敉(養)	羊	窑	缶
禁	林	殸	声

综观上表,声化者和被声化者具有以下关系:

　　1. 声化者先于被声化者而存在;

　　2. 声化者与被声化者语音上相同相近;

　　3. 被声化者有部分形体与声化者一致或接近一致(这里用"接近一致"这个词,是考虑到古文字同一形体繁简有所不同的缘故。所谓接近一致,实际上要求足以当一字看)。

在唐兰先生看来,声化者俨然就是一个字。这在理论上,实际是有漏洞的。因为声化者可能是一个字,但也可能不仅是一个字。当声化者是一个字时,它的条件是:被声化者当其声化之时,没有由被声化部分所构成的形声系统。除此之外,声化者应该是有声化字和以它为声符所构成的谐声系统两部分。虽然声化字和从谐声系统中抽绎出来的声符音形上是一致的或接近一致,但毕竟不能等同起来。只是由于会意一般在时间上早于形声,而声化的时间大多不可考,声化者的谐声系统对声化者的影响就往往难以以实例证明。因此下文在例证时,一般不勉强指出声化者中的谐声系统。

二、"声化"问题的理论探讨

唐兰先生在他的论述里只是举了几个例子说明"声化"的存在。这正是他的声化说未能被人们接受和推广的原因。现在,我们从以下四个方面对声化问题作一理论探讨。

1. 汉字系统中存在着声化的客观条件。甲文的单字大约四千五百字,金文也大致如是。到《说文解字》收九千三百五十三字,《字林》收一万二千八百二十四字,《玉篇》一万六千九百一十七字,《康熙字典》四万七千零三十五字,当今《汉语大字典》收字在六万左右。但是,对汉字形体结构进行部件分析的结果,据有关统计,也就一千多个。汉字往往是一个形体单位在几个、几十个甚至几百个字中运用,它们或单独成字,或作声符,或既作形符又作声符。而那些能独立成字并作为声符构成谐声系统的字,又构成一个字音系统。这便是汉字声化的背景。

2. 人们在认字时的心理过程及其特征。一切事物都是联系的,都有不同的类,那么,由于人类心理的固有倾向,人们常常会把对象聚合成组,其中各个成分往往以联想为纽带联结在一起。同理,在汉字系统中,字与字之间也是相互联系的,人们在认字过程中,归纳和类聚便成为一种极普遍的心理过程。

这种归纳和类聚的心理过程的影响,往往使得对象发生改变,这种变化我们称之为类推的变化。类推的变化在语言当中也是存在的。帕默尔《语言学概论》说:

> 当一个小孩造出"sheeps"这一复数形式的时候,他是比照了 cows(牛)、dogs(狗)以及 pigs(猪)这类词的模式的。人的这一思维过程可以用一个数学公式即比例式表示,例如:
>
> dog：dogs：：cow：cows：：sheep：x
>
> x＝sheeps[①]

这个公式由法国语言学家保罗(paul)提出,因而也就命名为"保罗比例式"。(笔者注:现代英语并没有接受 sheeps。羊、绵羊的复

① 帕默尔《语言学概论》50～51 页,李荣、王菊泉、周焕常、陈平译,商务印书馆,1983 年。

数形式仍作 sheep。但如果有朝一日承认了 sheeps，那么这一类推就合法了。尽管它是讹变而来。）

我们所谓的"声化"，从心理过程来说，实际上就是由类推而产生变化的结果。

3. 声化的理论趋势和语言实际的矛盾。汉字的形声字，声符的本来读音与形声字的本来读音关系比较复杂，殷孟伦先生据中古音把它归纳为六种：

> 一曰，声韵毕同者之例；二曰，声类同而四声异者之例；三曰，声类同而有等呼侈弇等相异者之例；四曰，声同位而四声等相异者之例；五曰，声同位而韵亦同者之例；六曰，声同位而韵有等呼侈弇等相异者之例。①

上古音与之同理，那么，声符的本来读音与形声字的读音本来则有时相同，有时相近，有时则相隔较远。如果从后一种情况来逆推声化，那么声化者和被声化者的读音可以是远隔的。从这个意义上说，声化具有扩大的潜力和趋势。但是事实上，正是由于一字两音或声化者与被声化者的读音不能非常相近的缘故，使得这种声化在很大程度上受到阻碍。

声化是一种潜在的能动趋势，又是一种客观的创造活动。那么，如何了解一个字是否被声化呢？唯一的根据就是字书的明确

---

① 殷孟伦《说文解字形声条例述补》，《山东大学学报》1957 年第 2 期。

记载,如《说文》一类的书。只有当字书有了记载了,我们才承认它被声化了。根据这一标准,唐先生所举的飤(从人食)、叙、救、渔、毁等字都不得算作被声化字。我们只承认它们有被声化的可能性。

至于声化在实际中的声化时间,我们也不得而知,我们仅能凭字书的记载来推定。但要注意一点,在一个时期字书里,某字被声化了,而实际情形要比这个年限早一些。

4. 声化象形象意字和天生声兼义字在理论上有严格区别,但是在既成事实上却是一片混沌。究其根由,是因为,一个后人所谓的声兼义字究竟最先是声兼义字,还是声化了的象形象意字呢? 这一点我们很难知道。我们只能根据历史上遗留下来的材料来作一定限度的推理判断。

唐兰先生是没有从理论上分别天生声兼义字和声化象形象意字的。我们认为,天生的声兼义字是存在的。例如:甲文丧字,从桑,从众口。就是一个天生的声兼义字。我国古代丧礼器多以桑木为之。《仪礼·士丧礼》:"鬠笄用桑",注曰:"桑之为言丧也。"《公羊传·文二年》:"虞主用桑",注曰:"桑犹丧也。"我们认为,可能当时人们已有意识地沿着这个音义关系来造字。桑丧同源决定了丧就是天生的声兼义字。又如甲文啓字,从攴,从日。是天开朗放晴的意思。这也是一个天生的声兼义字。同样,攴和啓的同源关系决定了啓字在诞生时即是声兼义。这两例我很早就注意到,并且认为最早的同源字的资料,乃是如此之类的材料。我们可以大胆地说,古人在造这两个字时,肯定意识到它们之间的音义关系,并使之在文字上关联起来。

三、"声化"的类型

　　在给声化分类以前，有一种情形得首先说明，即错误的声化。王国维《观堂集林》卷六《释由》是一个非常突出的例子。今转录如下：

　　　　今案《说文》由字注曰："东楚名缶曰甾，象形。凡甾之属皆从甾。"原本《玉篇》引《说文》旧音音侧字反，大徐音侧词切，皆甾之音。则以甾由为一字，自六朝以来然矣。然甾由决非一字。甾为艸部菑之重文，从田巛声，故读侧字反或侧词反。若甾之与由于今隶虽相似，其音义又有何涉乎？考此字古文作 𦾔 ，篆文亦如之。其变而为隶书也，乃屈曲其三直遂成甾字。后人不知其为古文 𦾔 字之变，以其形似甾遂以甾之音读之，实则此音毫无根据也。[①]

　　这是一例错误的声化，因为声化者与被声化者声音既远隔，形体上被声化的部分也不与声化者相同。但是，它已经成为无可扭转的事实。而且在这个错误的基础上，它又声化了卣字。卣字

[①]　王国维《观堂集林》第一册 274～275 页，中华书局，1959 年。

甲文原来当为会意字。后来由于上部讹变成甾,与甾形似,因此被错误地声化了。《段注》和《通训定声》都说"从廿,由声"。而畁又作为声符构成绬这个从糸畁声的形声字。这说明文字的变化具有系统性,即使错误的变化也具有这个特点。

我们所讨论的声化字,是排除了这种错误的声化的。

声化形声字可分为两类,即未经讹变的声化字和经由讹变的声化字。

1. 未经讹变的声化字。

元　《说文》:"始也。从一从兀。"元是指事字,本义指人头。以一横或二横的符号指示头之所在。古代元兀同字,后来二字分途。钱大昕曰:"按元兀声相近。髡从兀,或从元。刓,《论语》作园,皆可证元为兀声。"[①]段玉裁曰:"徐锴云:'不当有声字',以髡从元声,刓从元声例之,徐说非。古音元兀相为平入也。"[②]由此可知,学者们多以为元从兀声。元被兀声化了。

唐兰所举的禁、字、宓都属于未经讹变的声化字。

2. 经由讹变的声化字。

唐兰先生仅列举了狈和鼍字,下面我们分门别类举证于下:

象形

甬　甬用一字,全文甬为锺即镛的象形。后来繁体变成甬,简体变成用,分道扬镳,各自独立。甬的下部被声化。

穴　《说文》:从"宀,八声。"从甲文突字的偏旁穴看,知穴字之中本是两土点而已,古文字于细末或尘土恒以两小点象之,必

---

①　钱大昕《十驾斋养新录》65 页,上海书店,1983 年。
②　段玉裁《说文解字注》1 页,上海古籍出版社,1981 年。

不为声符。作八声乃由土点讹变所致。后被八声化。

舌　《说文》:"从干从口,干亦声。"段注:"干在十四部,与十五部合韵。"①舌字是口中伸出舌头的象形。因为伸出的舌头与干形近,故讹变为干。又舌与干音近而被声化。

胄　《说文》:"从月,由声。"金文胄从胄的象形,从目。至小篆胄形讹变为由,因为由与胄音相近,因而被声化。

指事

朮　邓散木先生说:"象草木盛貌,从屮从八,八亦声。物盛则枝茎纷披四出,八象枝茎纷披状。八亦声者,借八之声也。"②意思是说,朮之两边本为指事符号,指示草木茂盛时纷披的情态。后来被声化为声符。邓先生的"借八之声也",实际上就是声化。因此可以说他多少有点儿声化的意识。

弘　《说文》:"从弓,厶声。"甲文弘从弓从口。至小篆,口讹变成厶,被声化为声符。

成　《说文》:"从戊,丁声。"成字甲文从戊从一竖画。从甲文丁字只作■或□看来,成字所从一竖绝非丁字。本意可能是指示戊(为一种兵器)树立,表示囊矢辑兵,天下和平之意。古书中的"求成"、金文中的"又(有)成",用的当是古义。

会意

昏　甲文昏字从日,从氏。秦汉时出现了从民的昏。马王堆帛书《老子》甲本四十一行:"民多利器而邦家兹昏。"甲本一百一十六行:"揢之而弗得。"因为氏民形近,民昏音近,所以昏字形体

---

①　段玉裁《说文解字注》87 页。
②　邓散木《说文解字部首校释》19 页,上海书店,1984 年。

发生了讹变，并被声化。《说文》："昏，日冥也。从日氐省，低者下也，一曰民声。"

昃　此字甲文从侧人从日会意，即太阳打斜之意。至小篆侧人讹变成仄，被声化。

牡　《说文》："从牛，土声。"此字甲文从牛从丄（雄性生殖器），表示公牛的意思。在甲文里，丄和土已难以从形体上区别，至小篆讹变成土，土牡声近，遂被声化。

矩　此字《说文》未见。金文从人从手持矩会意。后来人形讹变为矢，矩形和手变成巨。古巨与矩同字，只是一简一繁而已。自从它们各有了自己的职分以后，分化成为二字。矩念鱼部见母上声，巨念鱼部群母上声。矩被巨声化为形声字。

獸　甲文作从單从犬。單是一种猎具，我释之为飞石索。飞石索是一种把一条绳歧开在上面系上石头的猎具，主要运用于长距离打击大野兽。我们有三方面的证据。一是民俗学的证据。解放前纳西族使用过这种飞石索，其形制与單相似。二是考古学的证据。1976年山西阳高县许家窑出土了数以千计的石球，据研究是远古狩猎工具之一。甲文反映了很多的狩猎工具及手段，但是这种猎具还没有找到对应物。实际上，这就是飞石索上所用的石球。三是字形的解释。甲文單所从田或口象所绑的石头之形。从物理学上讲，飞石索一分为二诚然可以扩大打击面，但是由于前面所绑的石头在重量上难以做到绝对一样，因而方向容易偏离。在其叉口处绑一大石头，既可以固定方向，又可以扩大打击面。基于以上理由，在对此字的考释分歧重重的情况下，我相信單就是飞石索。到了金文，獸中的飞石索衍了口形。金文獸嘼相通。金文中的嘼就是獸之省体,仍念獸音,后来独立成字。到了小篆,獸嘼被确认为两个字。由于獸中之嘼与嘼字形体相同,嘼獸音同,因而獸之嘼又兼表声。

    歓　甲文是个捧酉伸舌饮酒的会意字,而《说文》说:"歓也。从欠,酓声。"成了形声字。甲文中有酓字,从酉今声。战国时还出现了从酓声的盦字。酓字汲古阁所据宋本《说文》脱落而毛扆补之于部末。解释为"酒味苦也。从酉,今声。"歓字到了金文发生了裂变,舌头部分和酒坛子变得与金文的酓很相似(在古人的心目中,实质上有相同的意义),加之酓与歓音近,故声化为声符。

  | 形声 |

    寐　《说文》:"卧也。从寢省,未声。"甲文从寢省,木声。木声至小篆变为未声。

    丧　《说文》:"从哭亡,亡亦声。"前节已经论及这是一个天生的声兼义字。声兼义字具有会意和形声双重性质,因此也可以视为形声字。丧在甲文是桑声,到金文开始讹变出亡声来。

    从上面的例子可以看出,经由讹变的声化字在汉字的主要类型中都是存在的。

    唐兰先生指出,声化象意字在"文字的性质上""是象意","不是形声"。他这里所谓的性质,大概是指声化象意字最初的结构关系。

    我们应当看到,对于那些未经讹变的象意字来说,虽然按照造字时的结构关系仍可以理解原字,却无视了它其中的部分形体被声化的事实。我们如果承认文字的结构是发展变化的,那么就应该承认这种非声字在原来关系的基础上又增加了一种新的关系。尤其是那些讹变声化字，其原来的结构关系与后来的结构关系已经失去了联系。难道就可以认为这些字丧失了性质了吗？事实上，它应该又有了新的性质。

既然字的性质不是一成不变的，那么，当字获得了新的性质以后，我们应当予以承认。

原载《河北大学学报》1990 年第 2 期

新出《史律》与《史籀篇》的性质

《汉书·艺文志》把《史籀篇》列为"小学类"第一种,本注云:"周宣王太史作,大篆,十五篇。建武时亡六篇矣。"①又说:"《史籀篇》者,周时史官教学童书也,与孔氏壁中古文异体。《苍颉》七章者,秦丞相李斯所作也;《爰历》六章者,车府令赵高所作也;《博学》七章者,太史令胡母敬所作也;文字多取《史籀篇》,而篆体复颇异,所谓秦篆者也。"②这些记述表明:《史籀篇》字体为大篆,共十五篇,周宣王太史作以教学童,属于"小学类";《苍颉》《爰历》《博学》——所谓《三苍》中的文字多出自这本书。

《汉志》"小学类"所著录向来被认为是文字训诂之书,而《三苍》更被看做推广小篆的字书,因此,王国维认为《史籀篇》"为字书之祖"③。这种看法影响甚大。《辞源》说《史籀篇》"为周代教学

---

① 班固《汉书》卷三〇《艺文志》第十1719页,中华书局,1962年。本注断句原作"周宣王太史作大篆十五篇,建武时亡六篇矣",今改正。
② 班固《汉书》卷三〇《艺文志》第十1721页。
③ 王国维《史籀篇疏证序》,载《观堂集林》(一)251页,中华书局,1959年。

童识字的课本"①,《辞海》说它"大概编成四言韵语,以教学童识字"②,《中国大百科全书》(语言文字)说它是当时用以"严格教学"的"一个文字课本"③,都与王氏的说法一脉相承。这类说法突出强调了《史籀篇》的识字功能或字书性质。

然而,最近公布的汉简《史律》却展示了《史籀篇》的另一面,引导我们重新审视《史籀篇》的性质问题。

《史律》出自湖北江陵张家山二四七号汉墓,共13支简。最后一简有"史律"两字,是这组简的自名名称。篇名就是根据自名而来的。简文谈到对史、卜、祝的培养、选拔和任用,自名以"史"来涵盖,表明这个"史"是广义的概念,包括"卜"和"祝"。而在《史律》内部,史、卜、祝是分立的。史、卜、祝的分立起源很早,因为性质相近,古书中也常常类聚、连称。《礼记·王制》:"凡执技以事上者,祝、史、射、御、医、卜及百工。"④孙希旦曰:"执技之人凡七:祝一,史二,射三,御四,医五,卜六,百工七。……此皆谓执技之贱人。"⑤马王堆汉墓帛书《要》篇:"《易》,我后其祝卜矣,我观其德义耳也。"祝卜连用。祝或称祝史,《左传》桓公六年:"上思利民,忠也;祝史正辞,信也。"⑥杨伯峻注:"祝史,主持祭祀祈祷之官,哀

① 辞源修订组、商务印书馆编辑部《辞源》(修订本)第一册,第470~471页,商务印书馆,1979年。
② 辞海编辑委员会《辞海》(缩印本)726页,上海辞书出版社,1980年。
③ 中国大百科全书总编辑委员会《语言文字》编辑委员会《中国大百科全书》(语言文字)538页,中国大百科全书出版社,1988年。
④ 孙希旦《礼记集解》(上)368页,中华书局,1981年。
⑤ 孙希旦《礼记集解》(上)369页。
⑥ 杨伯峻《春秋左传注》111页,中华书局,1981年。

二十五年传有祝史挥。"①又《史记·十二诸侯年表》载周人"史卜
完"②,史、卜连用,作为一个官职的名称。都说明史、卜、祝之间存
在密切的联系。司马迁《报任安书》:"文史星历,近乎卜祝之
间。"③可以看做是这种关系的概括说明。《史律》篇名正是这种关
系的反映。

张家山所出的这篇《史律》,篇幅虽然不大,却多处和《史籀
篇》有关,是探讨《史籀篇》的绝好资料。

把汉简《史律》和有关传世文献结合起来看,可以得出这样的
结论:《史籀篇》是当时国家考课史学童、选拔史的专用书,基本内
容为史所必须了解的一些专业知识。它作为识字书的功能虽然
不能说没有,但至少在汉初对史的考课中,这种功能明显居于次
要的地位。

《史律》云:

> 试史学童以十五篇,能风(讽)书五千字以上,乃得
> 为史。有(又)以八体试之,郡移其八体课太史,太史诵
> 课,取最一人以为其县令史,殿者勿以为史。三岁壹并
> 课,取最一人以为尚书卒史。④(四七五～四七六号简)

这条律文又见于《汉书·艺文志》《说文解字·叙》和《北史·江式

---

① 杨伯峻《春秋左传注》111 页。
② 司马迁《史记》卷一四《十二诸侯年表》第二 599 页,中华书局,1959 年。
③ 萧统《文选》卷四一 578 页,中华书局,1977 年。
④ 张家山二四七号汉墓竹简整理小组《张家山汉墓竹简(二四七号墓)》203 页,文物出版社,2001 年。

传》。为便于比较,一并抄录如下:

　　汉兴,萧何草律,亦著其法,曰:"太史试学童,能讽书九千以上,乃得为史。又以六体试之,课最者以为尚书御史史书令史。吏民上书,字或不正,辄举劾。"①(《汉书·艺文志》)

　　尉律:"学僮十七已上始试,讽籀书九千字乃得为吏,又以八体试之。郡移太史并课,最者以为尚书史,书或不正,辄举劾之。"②(《说文解字·叙》)

　　汉兴,有尉律学,复教以籀书,又习八体,试之课最,以为尚书史。吏人上书,省字不正,辄举劾焉。③(《北史·江式传》)

合观四处律文,知"十五篇"是指《史籀篇》。《汉志》说《史籀》十五篇"④,所以《史籀篇》可以省称"十五篇"。整理小组的原注是正确的⑤。"八体"指秦书八体,"吏"为"史"字之误,"六体"为"八体"之误⑥。

―――――――――

① 班固《汉书》卷三〇《艺文志》第十 1720~1721 页。
② 许慎《说文解字》315 页,中华书局,1998 年。
③ 李延寿《北史》卷三四《江式传》1278 页,中华书局,1974 年。
④ 班固《汉书》卷三〇《艺文志》第十 1719 页,中华书局。
⑤ 张家山二四七号汉墓竹简整理小组《张家山汉墓竹简(二四七号墓)》203 页,文物出版社,2001 年。
⑥ 顾实《汉书艺文志讲疏》,上海古籍出版社,1987 年;李学勤《试说张家山简〈史律〉》,《文物》2002 年第 4 期。

秦书八体包括大篆、小篆、刻符、虫书、摹印、署书、殳书和隶书,《史籀篇》则是大篆的一种。一般认为,《史籀篇》中的大篆和一般大篆的形体结构基本相同。律文前半说试史学童以《史籀篇》,后面又说以"秦书八体",对史学童连续进行两次选拔。如果考试《史籀篇》仅是考它的字体——大篆的话,那么初次考试和二次选拔之间,不仅内容重复(都有大篆),而且程序颠倒(先考难的大篆后考容易的小篆、隶书等)。况且,在行用小篆和隶书的背景下,把大篆强调到如此程度,也不合常理。因此我们认为,《史籀篇》和秦书八体不应该同是测试认字、写字能力的东西,应该有所区分,各有侧重。《史律》中试"卜学童"和"祝学童"的两段文字也可以帮助证明这一点:

　　卜学童能风(讽)书史书三千字,征卜书三千字,卜九发中七以上,乃得为卜,以为官处(?)。其能诵三万以上者,以为卜上计六更。缺,试脩法,以六发中三以上者补之。(四七七～四七八号简)

　　以祝十四章试祝学童,能诵七千言以上者,乃得为祝五更。太祝试祝,善祝、明祠事者,以为冗祝,冗之。不入史、卜、祝者,罚金四两,学佴二两。[1](四七九～四八〇号简)

---

① 张家山二四七号汉墓竹简整理小组《张家山汉墓竹简(二四七号墓)》204页,文物出版社,2001年。

整理小组认为"史书"指隶书①。这个词文献多见,向来众说纷纭②。《汉书·元帝纪》:"赞曰:臣外祖兄弟为元帝侍中,语臣曰元帝多材艺,善史书。"颜师古注史书引应劭曰:"周宣王太史史籀所作大篆。"③《后汉书·孝安帝纪》:安帝"年十岁,好学史书,和帝称之,数见禁中。"李贤注:"史书者,周宣王太史史籀所作之书也。凡(五)十五篇,可以教童幼。"④《后汉书·和熹邓皇后纪》:和熹邓皇后"六岁能史书,十二通《诗》《论语》。"李贤注:"史书,周宣王太史籀所作大篆十五篇也。《前书》曰'教学童之书'也。"⑤简文史书应与之相当。下文"其能诵三万以上者,以为卜上计六更",上承"卜学童能风(讽)书史书三千字",所讽对象相同,也是指"史书"。两处史书都是上一简提到的"十五篇",即《史籀篇》。律文传达的信息是:卜学童考卜书,祝学童考祝书,史学童考的是史书。这在当时是明确的制度。因此,从《史律》四七五～四七六简和四七七～四七八简以及四七九～四八○简的平行对应关系看,《史籀篇》也应看做是史所必须了解的专业知识,而不仅仅看做字书。《论衡·程材篇》:"是以世俗学问者,不肯竟经明学,深知古今,急欲成一家章句,义理略具,同趋学史书,读律讽令,治作情奏,习对向,滑习跪拜,家成室就,召署辄能。"⑥其中的史书有人理解为"令

① 张家山二四七号汉墓竹简整理小组《张家山汉墓竹简(二四七号墓)》204 页。云:"史书,指隶书。《汉书·王尊传》:'尊窃学问,能史书,年十三,求为狱小吏。'《说文·叙》段玉裁注:'或云善史书,或云能史书,皆谓便习隶书,适于时用,犹今人之楷书耳。'"
② 参看富谷至《"史书"考》,《西北大学学报》1983 年第 1 期;于振波《"史书"本义考》,载《北大史学》第六集,北京大学出版社,1999 年。
③ 班固《汉书》卷九《元帝纪》第九 229 页,中华书局,1962 年。
④ 范晔《后汉书》卷五《孝安帝纪》第五 203 页,中华书局,1965 年。
⑤ 范晔《后汉书》卷一○上《皇后纪》第十(上)418 页。
⑥ 袁华忠、方家常《论衡全译》747 页,贵州人民出版社,1993 年。

史的必读书籍"①,是很有见地的。

《史律》还有一段提到:

> 　　史、卜子年十七岁学。史、卜、祝学童学三岁,学佴
> 将诣太史、太卜、太祝,郡史学童诣其守,皆会八月朔日
> 试之②。
> 　　　　　　　　　　　　　　　　　　　　(四七四号简)

在我们过去的认识中,知道史的职务每每世代相传。如史墙盘所反映的微氏家族,烈祖的身份是史,历乙祖、亚祖祖辛、丰至于史墙,几代均为史职③。又《睡虎地秦墓竹简》:"非史子殹(也),毋敢学学室,犯令者有罪。"④规定只有史官的子嗣才能在专门学校学习相关知识,目的也是为了子承父业。在此基础上,上述简文又告诉我们史的入学年龄、学习期限以及责任者的名称(学佴)。这大大丰富了以往的积累。

据简文,史学童 17 岁开始学习专业,三年后参加会试,刚好20 岁,正是汉初男子傅籍的年龄⑤。傅籍是男子成年承担社会义务的标志,史学童会试后,优胜者将出仕,达到傅籍的年龄是必要

---

① 袁华忠、方家常《论衡全译》748 页。
② 张家山二四七号汉墓竹简整理小组《张家山汉墓竹简(二四七号墓)》203 页,文物出版社,2001 年。
③ 李学勤《论史墙盘及其意义》,载《新出青铜器研究》73~82 页,文物出版社,1990 年。
④ 睡虎地秦墓竹简整理小组《睡虎地秦墓竹简》,图版 30 页,释文 63 页,文物出版社,1990 年。
⑤ 班固《汉书》卷五《景帝纪》第五 141 页记载:景帝二年"令天下男子年二十始傅",中华书局,1962 年。汉简的材料也可以证明这一点,参看黄尚明《汉代供役年龄的变化》96 页,载《中国史研究》1985 年第 2 期。但是东汉的情况不同,《论衡·谢短》:"年二十三傅,十五赋。"《后汉书·高帝纪》注:"如淳曰:'律,年二十三傅之畴官。'"是说男子 23 岁傅籍。

的，看来对史学童学制的规定应不是偶然的现象。又简文表明史、卜子17岁至20岁可称史学童，和以往从《释名·释长幼》了解的"十五曰童"①不同，大概因为《释名》是民间约定俗成的说法，而简文是法律上的规定。既然法律上20岁才算成年，此前当然可以称作童。

还需要特别加以指出的是，史、卜、祝学童在17岁学习专业知识之前，已经经历了一个很长的学习过程。这个过程，对我们认识《史籀篇》的性质也有所裨益。《周礼·地官·保氏》曰：

> 保氏掌谏王恶，而养国子以道。乃教之六艺：一曰五礼，二曰六乐，三曰五射，四曰五驭，五曰六书，六曰九数②。

又《汉书·艺文志》：

> 古者，八岁入小学，故周官保氏掌养国子，教之六书，谓象形、象事、象意、象声、转注、假借，造字之本也③。

由此可以看出，小学阶段要学习六艺，六艺中的所谓六书就是认字、分析字的学问。《礼记·内则》："八年，出入门户及即席饮食，必后长者，始教之让。九年，教之数日。十年出就外傅，居宿于

---

① 王先谦撰集《释名疏证补》147页，上海古籍出版社，1984年。
② 孙诒让《周礼正义》卷二六1010页，中华书局，1987年。
③ 班固《汉书》卷三〇《艺文志》第十1720页，中华书局，1962年。本注断句原作"周宣王太史作大篆十五篇，建武时亡六篇矣"，今改正。

外,学书计。"《礼记集解》引高愈曰:"书计,即六艺中六书、九数之学也。"①也提到学童10岁左右学习六书,与《周礼》记述大同小异。这里介绍的虽然是周代贵族子弟的情况,但由于不同时期不同人群之间学习过程存在相似性,一般学习过程也可以比照。唐鸿学校辑崔寔《四民月令》:"正月,农事未起,命成童以上(谓年15以上至20[旧作30,据《齐民要术》三改]),入大学,学《五经》,师法求备,勿读书传。研冻释,命幼童(谓9岁以上,14岁以下也[旧作10岁以上至14,据《要术》三补改]),入小学,学书篇章(谓《六甲》《九九》《急就》《三仓》之属[二字旧脱,据《要术》三补])。"②《急就》《三苍》是识字书,《六甲》是习书书,《九九》是数学书③。《四民月令》所述为汉代情事,也是说幼童在小学阶段学习认字和写字。因此从汉代以前的学习过程看,识字主要是早期(小学或蒙学时期)必修课。《史籀篇》既然是后期才修的专业课,当然也不能仅仅看做识字书。

也许有人会说,律文之所以规定史学童17岁以后学习《史籀篇》,是因为《史籀篇》系用大篆所写,大篆对当时人来说学习难度较大的缘故。这种说法似乎有一定的道理。但是,从《史籀篇》问世以及《苍颉篇》的流传情况看,恐怕站不住脚。我们知道在《史籀篇》成书的时代,大篆是全国通用的文字,对当时学习者来说,应不会有来自字体方面的障碍。即使像后来人们理解的那样《史籀篇》是一本识字书,那么当时人们通过《史籀篇》识字的目的也

①　孙希旦《礼记集解》(中)769页,中华书局,1989年。
②　转引自张政烺《六书古义》,载《张政烺文史论集》218页,中华书局,2004年。
③　张政烺《六书古义》,载《张政烺文史论集》215～237页。

肯定是为了适于时用的。因此《史籀篇》传到汉代,果真把它当做识字课本的话,它的字体应该已被换成了当时的通用字体。这一点可以从《苍颉篇》得到证明。秦代的《苍颉篇》本来是用小篆写成的,汉兴,闾里书师合《苍颉》《爰历》《博学》而成的新《苍颉篇》也可能是用小篆写成的。但是安徽阜阳双古堆一号墓所出、大约属于汉文帝时期的《苍颉篇》残简却是用当时的古隶写成的[①],而出自居延和敦煌两地、大约属于西汉中期至东汉建武初年的《苍颉篇》残简则是用今隶写的[②],这说明《苍颉篇》在传流过程中被改换成后来的通用文字。《史籀篇》的情况应与之相当。

当然,我们说《苍颉篇》和《史籀篇》原有字体被改换成通用文字,并不是说它们没有古本流传。在汉初,还应有完整的《苍颉篇》和至少部分《史籀篇》古本留存,《说文》中的小篆和籀文就是取材于这些古本的。《汉志》说《史籀篇》"建武时亡六篇矣"[③],大概即指古本而言。

其实回过头来看,《史籀篇》的作者是周宣王时的太史,教授它的人身份是史官,它的学习对象是史学童,都已折射出它作为史所必须掌握的专业知识的性质。

关于史所必须了解的业务知识,透过《史籀篇》成书时史官的职掌,可以了解到一个大概。据研究,西周的史官分太史和内史两个系统,负责参与祭祀神明,筮王缺失,记录、宣达王命,备咨询,供出使,以及掌握各地的宗族谱系资料,处理田邑交换,划定

---

① 文物局古文献研究室、安徽省阜阳地区博物馆《阜阳汉简〈苍颉篇〉》,《文物》1983年第2期;胡平生、韩自强《〈苍颉篇〉的初步研究》,《文物》1983年第2期。
② 胡平生《汉简〈苍颉篇〉新资料的研究》,载《简帛研究》第二辑,法律出版社,1996年。
③ 班固《汉书》卷三〇《艺文志》第十1719页,中华书局,1962年。

疆界等事务，所司非常之宽①。足见当时史官需要具备渊博的知识。《史籀篇》的内涵虽未必与之一一对应，但应可由此进行参照。

　　如果按照上面的理解，过去的一些疑难便可以涣然冰释。如《史籀篇》的字数，一说 5 000，一说 9 000，究竟是多少？王国维因为《三苍》加以《训纂》亦仅 5 340 字，质疑"不应《史籀篇》反有九千字"②。实际上，《史籀篇》的总字数应在 9 000 字以上，甚至可以高达数万，因为书中有大量的重复字。至于考课时而要求背 5 000字，时而要求背 9 000 字，当是不同时期不同要求的反映。这说明汉律也是与时俱进，不断修订的。

　　最后想补充说明两点，一是《史籀篇》为什么被置于小学类，二是《史籀篇》与《三苍》究竟是一种什么样的关系？我们的看法是：《汉志》中的"小学类"不宜简单地看做文字训诂书，而应看做广义的教学用书（"小学"本为古代教学机构，可以引申为教学用书）。《史籀篇》是史官教史学童的教材，又和《三苍》有密切的联系，可能是它被置于小学类的原因。至于《汉志》说《三苍》"文字多取《史籀篇》，而篆体复颇异"，是说《三苍》里的字样大多来自《史籀篇》，而看上去篆体有些不同。仅此而已。过去根据《三苍》来逆推《史籀篇》的字数、体例的做法其实是没有根据的。这方面的探讨有待于新的更多的出土材料③。

---

① 赖长扬、刘翔《两周史官考》，《中国史研究》1985 年第 2 期。
② 王国维《史籀篇疏证序》，载《观堂集林》（一）256 页，中华书局，1959 年。
③ 有关《史籀篇》的传世材料实在太少，而且都是单个字样的汇集。可参看清马国翰《玉函山房辑佚书》卷五九 2215～2222 页，上海古籍出版社，1990 年。

　　【附记：本文初稿曾在吉林大学主办的"中国语言文字学2002 高级论坛"上宣读，会后又请多位同行审阅，在此对会议主办者和各位同行表示衷心感谢。】

　　原载吉林大学《语言文字学论坛》第一辑，中国社会科学出版社，2002 年；又载《华学》第八辑，紫禁城出版社，2006 年

再议书面语中的叠用符

近读史有为先生《叠用符刍议》①,颇受启发。文章对叠用符的流变过程、类型、位置、用法作了初步爬梳和描写,并就叠用符的规范问题提出了若干建设性意见。作者的一些看法,可谓真知灼见,相信看过此文的读者,都会留下难忘的印象。文章的优长,不必一一提及。这里只想对史文作一些补充,或发表一些不同意见,并探讨一下叠用符初始形态的含义及其性质演变,以就教于史先生和广大读者朋友们。

一、关于叠用符的类型

无论古代,还是现代,叠用符的形态都是纷繁复杂的。史文所述,包括金文在内,一共有十种形态。实际上,在此之外,叠用

---

① 发表于《语文建设》1993 年第 10 期。

符还有若干种。现就笔者所见，简要进行介绍。

一种作ﾚ(例中用 a 表示)。例如：

马鸣寺碑的"其津灼 a 乎，渥淬莫能蔽其辉"①；

《北齐元贤墓志》的"寂 a 孤魂"；

《原本玉篇残卷》②"终"下引《司马法》"步百为亩 a
百为夫"；

明刊本《唐三藏西游释厄传》③卷七的"有针线借我
用 a"；

清刊本《生花梦》④第三回的"湾(弯)a 曲曲"；

清刊本《疗妒缘》⑤第二回的"早 a 全愈"。

马鸣寺碑是魏国的碑刻，可见ﾚ的出现不会晚于三国时代，它是在
叠用符丶的基础上连笔而成的。丶和ﾚ之间有一种中间形态作ﾚ，
如《唐三藏西游释厄传》卷三的"乃是一座石房ﾚ内有一石窝"，以
及同书卷七的"野兽双丶对ﾚ"，可以证明这一点。

一种作ﾚ(例中用 b 表示)。例如：

《唐故仪同三司王府君墓志并序》的"冥 b 万古"；

《唐三藏西游释厄传》卷二的"湾(弯)b 曲曲"和"颗

---

①　为了方便印刷，笔者依据有关文字学原理，对例中用字进行了适当的加工处理。下同。

②　梁朝顾野王编撰《原本玉篇残卷》，唐写本，中华书局，1985 年。

③　明朱鼎臣编辑《唐三藏西游释厄传》，明万历间书林刘永茂(莲台)刊本。下引同。

④　娥川主人编次，清门逸史点评《生花梦》，清初写刻本。下引同。

⑤　静恬主人撰《疗妒缘》，清乾隆延南堂写刻本。

b 株 b”；

明刊《包龙图判百家公案》①第五十九回的“天行洪
水浪滔 b”；

《生花梦》第一回的“想得痴 b 呆 b 的”；

《生花梦》第八回的“缓 b 步至亭下”。

ㄑ是在叠用符ㄟ的基础上产生的。用毛笔书写ㄟ时，起笔时笔锋向
左下方轻轻滑入，便形成了ㄑ。《唐三藏西游释厄传》卷二的“湾
(弯)b 曲ㄟ”，“ㄑ”与“ㄟ”互现，在一定程度上反映了两者之间的密
切关系。

一种作ㄑ(例中用 c 表示)。例如：

《原本玉篇残卷》“纾”下引《韩诗》“彼交匪纾 c 缓
也”；

元刊《大都新编关张双赴西蜀梦全》②的“杀曹仁七
万军，刺颜良万 c 威”；

元抄本《京本通俗小说》③第十卷的“杏花初落疏 c
雨，杨柳轻摇淡 c 风”；

《唐三藏西游释厄传》卷一的“原来是座铁板桥 c 下
之水冲贯于石窍之间”；

同书卷七的“今日那(拿)出来挣件衣服儿穿 c”。

---

① 明安遇时编集《包龙图判百家公案》，明万历二十二年与耕堂朱仁斋刊本。下引同。
② 《大都新编关张双赴西蜀梦全》，载《古今杂剧三十种》，元刊，日本京都文科大学影
印本。
③ 《京本通俗小说》，江阴缪荃孙据影元抄本刻。

《唐三藏西游释厄传》卷五有"飘〳万叠彩霞堆"一句,其中的叠用符可以表明:〳也是由两点连接而成的。

一种作乚(例中用 d 表示)。例如:

明刊《两汉开国中兴传志》①卷六的"紧 d 闭上庙门";

《包龙图判百家公案》第四十一回的"饮得醉酗 d 而回";

《唐三藏西游释厄传》卷一的"山上有一仙石 d 产一卵";

清刊《新刻金瓶梅奇书前后部》②卷一的"山东 d 平府清河县";

清刊《岭南逸史》③卷一的"清泉流出,锵 d 有声";"黄童白叟,怡 d 其间";"弦诵之声时 d 与岩鸡竹犬沁人心耳"。

乚是由叠用符"二"连笔而来的。

二、叠用符初始形态的含义及其性质演变

在前节中,我们补充了叠用符的四种类型,加上两种过渡形

---

① 黄化宇校正《两汉开国中兴传志》,明万历三十三年西清堂詹秀阁闽刊本。下引同。
② 《新刻金瓶梅奇书前后部》,清嘉庆济水太素轩刊。
③ 《岭南逸史》,清同治刊本。

态,一共六种,如果与史文所述的十种合计,叠用符的类型达到十六种。它虽然还不是全部,但已包括了叠用符的绝大多数。

从已经归纳出的叠用符的诸类型看,两短横或两小点属于比较早期的形态。那么,作为叠用符的两短横和两小点究竟谁是初始形态,它的原始含义又是什么呢? 要解决这个问题必须依据古文字里最早的资料。

    ① 贞其侑父庚王受有祐在‖卜　　《甲骨文合集》(以下简称《合》)27423

    ② 其侑惟……侑小牢王受有祐　　《合》30506

    ③ 自大乙王受有祐　　《英国所藏甲骨集》(以下简称《英》)2259

    ④ 自毓祖丁王受有祐　　《英》2261

    ⑤ 中宗王受有祐　　《英》2261

    ⑥ ……卯卜河史……王受有祐　　吉《英》2348

    ⑦ 牢王受有祐　　《英》2364

这些例子都属于三期卜辞,其中"有祐"原来写作 ⅀,郭沫若先生认为"又"下的"="是重文号(即叠用符),"⅀"当读为"有祐",并引侯家庄大甲"王受又又"之文为证[1]。郭先生的说法已得到了许多学者的赞同,是完全可以相信的。

---

[1] 《殷契粹编考释》44 页,日本文求堂,1937 年。

　　在三期卜辞中,叠用符绝大多数作两短横,只有个别写法稍微变形。因此我们有理由认为,叠用符的初始形态就是两短横。

　　卜辞里作两短横的有二、上和下字。这三个字的写法虽然有时也难免相混,但基本上是相互区别的。上字两横上短下长,下字两横上长下短,二字两横长短均等。叠用符初始多作均长两横,与二字写法相同。

　　其实,不仅叠用符的初始形态与二相同,它的意义与二也有内在的联系。因为叠用符是在一个字出现两次时,省去重复出现的字,在前一字下加上两短横,提示该字要读两次。

　　基于以上分析,我们认定,叠用符的初始形态是借用二字。

　　开始的时候,叠用符的含义比较实,用法比较具体。后来,在使用的过程中逐渐符号化,用法也就越来越宽泛。西周后期以来出现的合文符号[①],就是叠用符用法的延伸。

　　无论是叠用符还是合文符号,本质上都是为了表示省略,所以后来它竟成为表示省略的构字符号,在一定程度上对汉字构形系统产生冲击。如:

　　　　散盘传字省去"寸",代之以两短横;

　　　　古玺文晋字省去"日",代之以两短横;

　　　　古玺文廖字省去"彡",代之以两短横;

　　　　古玺文马字省去马足马尾,代之以两短横;

　　　　银雀山汉简《孙子兵法》130、《孙膑兵法》72 焉字省

---

①　于省吾《寿县蔡侯墓铜器铭文考释》,《古文字研究》第一辑,中华书局,1979 年。

去“与”，代之以两短横；

马王堆汉墓帛书《老子》乙本244下、《相马经》51下诸字，《老子》甲本卷后古佚书445褚字，《老子》乙本卷前古佚书149上署字，省去“曰”，代之以两短横；

尚方镜、伯尚鼎尚字省去“口”，代之以两短横；

青盖镜辟字省去“口”，代之以两短横；

平阳子家壶壶字省去盖，代之以两短横；

鲜于璜碑圣字省去“壬”，代之以两短横；

汉印溇字省去“立”，代之以两短横。

这种现象大约始于西周晚期，盛行于战国秦汉，汉代以后就很少使用了。

三、“々”是外来品还是国货

史有为先生说：“近代以来，随着中日交流的增进，日文中的一个叠用符开始进入中国，这就是‘々’。‘々’在日文中是三画：丿ク々；而在中国书写时只是两画：〻々。这个外来品在学生手下迅速发展，以至大大超出传统叠用符的使用频率。”

々究竟是不是外来品呢？回答是否定的。我们认为々是在前文所述的〻的基础上形成的：把〻拆成两笔，使之节奏化，就是々。现在还有人把々写成〻，最能说明二者之间的关系。〻在古籍中早已有之(参看第一节),而且使用频率很高,是地地道道的国货。ヾ在々的基础上发展而来,近代又在国民笔下普遍使用,也应是地地道道的国货,而不是什么外来品。

日文中的叠用符々,和日文中其他叠用符一样,都是从汉文引进的。所不同的是,把々拆成了三画。日文对引进汉文进行改造,是常有的事,々只是其中的一例罢了。

四、叠用符的用法和位置

叠用符的用法,可以分为一般用法和特殊用法两类。一般用法单用一个叠用符,表示前一字重复出现,如"子〓孙〓"之类。特殊用法有九种值得注意。

第一种金文中已经出现,如卫盉"裘卫乃彝告于白〓邑〓父〓荣〓伯〓定〓伯〓倞〓伯〓单〓伯〓乃令参有司……",应理解为:"裘卫乃彝告于白邑父、荣伯、定伯、倞伯、单伯,白邑父、荣伯、定伯、倞伯、单伯乃令参有司……",这一种用法史文已经指出,不必多说。它在秦汉早期简帛中也很常见。

第二种是一个叠用符叠用前后二字[①]。如大簋"万年子〓孙永保",应理解为"万年子子孙孙永保"。伯公父簋"子〓孙永宝用享",应理解为"子子孙孙永宝用享"。

---

① 　第二到第四种用法请参看高大伦《释简牍文字中的几种符号》,载《秦汉简牍论文集》,甘肃人民出版社,1989 年。

第三种是一个叠用符叠用前面两字。如散车父簋"孙子═永宝"即"孙孙子子永宝",仲楠父簋"万年子孙═其永宝用"即"万年子子孙孙其永宝用"。银雀山汉简《孙膑兵法》"将者,不可以不义═则不严则不威",即"将者,不可以不义,不义则不严,则不威"。

第四种是两个相同的字之间隔有一个另外的字时,只在第一个字下标上叠用符,后一个相同的字则不写。如马王堆汉墓帛书《老子》甲本卷后古佚书"而后能相亲═也而筑之",即"而后能相亲也,亲而筑之","正行之直═也而遂之逆═也者……"即"正行之,直也。直而遂之,逆也。逆者……"。

第五种是在两个单字后使用相应数量的叠用符号,如《唐三藏西游释厄传》卷七的"真个可喜ゝゝ",应理解为"真个可喜可喜"。翁方纲为宋椠木《啸堂集古录》[①]题识的"深幸ゝ",即"深幸深幸"。史文所述的"在两个被叠用字后再重复用两个位置上下不同的叠用符,表示前两字一起叠用"的形式,是在这种基础上发展而来的。

第六种是在单字后连用几个叠用符,表示该字多次出现。如《原本玉篇残卷》车部"辁"下引《韩诗》"大车辁ヽヽヽ盛貌也",《唐三藏西游释厄传》卷七的"悟空道好ヽヽヽ"。

第七种情况是在转行时使用叠用符。如《原本玉篇残卷》"洁"下:

　　……毛诗济

---

①　王俅《啸堂集古录》,中华书局,1985 年据宋刻本影印。翁氏题识见于此书。

〈锵〈洁尔牛羊……

“音”下：

……情于中而形于声

⺀成文谓之音

“器”下：

……传曰嚣

⺀犹嗷⺀也

第八种如遷邟编钟“它它巳巳”中的“它”和“子子孙孙”中的“孙”，叠用符搁在叠用字的左边（并非反书）。

第九种是叠用符与合文符号并用，如《包山楚简》中的“小人”，竖书，右下和左下皆有两小点，其中一个为叠用符，一个为合文符号。

大致说来，在没有使用系统的标点符号之前，叠用符使用更为自由一些。因为句子之间不点断，行文粘连，叠用符使用的机会就更多。

叠用符的位置非常灵活。在谈到叠用符的位置时，某些地方，史先生说得过于绝对。譬如他说：“在现代人手下，行楷直书时‘=’也基本上处于前一字的右下，但占另一字位置的上一半。”实际情况是无论古代还是现代，“=”都有处于字的正下的，而且无论处于正下还是右下，都可以完全占据另一字的位置。元人所书曾伯虞（机）《啸堂集古录·序》中"累₌凡数百章"和元人干文传为《啸堂集古录》所作题记中的"坐客皆啨₌赞叹"，原文为直书，叠用符均在被叠用字右下，占据一个字的位置。又如吴大澂手书《愙斋集古录①·叙》的"往₌于经典释文得之"，原文直书，叠用符在字正下，也是占据一个字的位置。这种情况并不少见。

又史先生说"ㄑ""完全占据了一个字的位置"，也不尽然。如吴大澂兮仲钟下跋语引《礼记·大学》"断ㄑ兮"，郑井叔钟下跋语"彝器中往ㄑ有之"，原文皆直书，"ㄑ"仅占半个字的位置。

五、叠用符的规范问题

史先生指出，叠用符既是"历史的一项事实"，"正是汉文建设的一项内容"，是十分正确的。

汉文建设应当依据两个原则，一是充分考虑到汉文事实本身，一是充分考虑到使用汉文者的方便和需要。

汉文中所有叠用符都源于两短横，到了后来，两短横使用趋势是渐少，而两小点使用趋势是渐多。在两小点中，以ㄑ写来最为顺手，使用频率也较高，与冒号也易于区别。因此ㄑ应确定为正体，ㄑ作为ㄑ的变体，历史上曾广为使用，比它后出的ㄑ在现代手写

---

① 《丁佛言手批愙斋集古录》，天津市古籍书店，1990年影印本。

中也随处可见。但由于ヾ写起来比ゝ更有节奏感，而且比ゝ普及率
更高，可以将ゝヾ合并，用ヾ作为正体。我们建议以后在编字典时，
把ゝヾ确定为叠用符的正体，其他叠用符处理为异体。又鉴于它
们在明清时代的刻本中就已广泛运用，可以规定它们在印刷体和
手写体中都可以使用。

　　在叠用符的诸用法中，它的一般用法和特殊用法中的第五种
可以保留。其他用法都应废止。当一个单字叠用时（一般用法）
用ヾ，两个单字叠用时（特殊用法第五种）用ゝ。

附录三

THE INFLUENCE OF CLERICALIZATION ON CHINESE CHARACTERS

Expounding a critical stage in the development of the Chinese script

Ⅰ. The appearance of the term "clericalization", its use and meaning

The term 隶变 *libian* [clericalization] probably appears first in Tang Xuandu's（唐玄度）*Jiujing ziyang*；in the Taihe period of Tang，Tang Xuandu studied the script forms of the Stone Classics，adding characters not included in Zhang Shen's（张参）*Wujing wenzi*；it was completed in the second year of the Kaicheng period（837 AD）. The expression 隶 变 *libian* [clericalization] is used several times in Tang's work; the citations are given below.

保 保 养也。从人,从子,从八。上《说文》,下隶变。

莫 莫 日冥也。从日在茻中。茻音莽,茻亦声也。上《说文》,下经典相承隶变。

乖 乖 怪平。戾也。从丫,从𠔁。𠔁,古文别字。上《说文》,下隶变。

秊 年 上《说文》。从禾,从千声。下经典相承隶变。

敢 敢 相取也。从𠬪。𠬪,上下相付也,持也。从古声。上《说文》,下隶变。

於 本是乌鸟字。象形。古文作[illegible],篆文作[illegible],隶变作於。

冄 冄 染平。毛冄冄也。象形。上《说文》,下隶变。

覃 覃 音谭。上《说文》,下隶变。

要 要 音腰。身中也。象人腰自臼之形。上《说文》,下隶变。

承 承 上《说文》,下隶省。从卩,从手。卩,音节。

又从奴,辣手也。凡奉、弄、戒、兵、共等字
悉从奴,隶变不同,各从其便也。

外 外 远也。从卜,从夕。卜尚平旦,今夕卜于
事,外矣。上《说文》,下隶变。

The term "clericalization" occurs eleven times in the passages cited above. Two examples are verbs; one such case is under the entry 【於】:隶变作於;the other example is under 【承】:隶变不同各从其便也. As a verb 隶变 *libian* means "became clerical script"; it refers to a seal script form changing into a clerical form. Nine of the examples are nouns; it should mean "characters that have undergone clericalization", judging from the context. Of all the occurrences observed in the *Jiujing ziyang*, with the exception the usual formal changes of 【外】, all the other examples are cases of corruption or erroneous change.

After the *Jiujing ziyang*, Guo Zhongshu(郭忠恕, d. 977) used the parallel terms 隶变 *libian*,隶省 *lisheng*,隶加 *lijia*, and 隶行 *lixing* in his *Peixi*, explaining them by giving examples.

Guo says that the characters in 【衞夢】 are cases of 隶省 [clerical abbreviation], the original form was 衞 寢; the characters in 【前寗】 are cases of 隶加 [clerical amplification], the original form was 肖甯;the characters in 【词朗】 are cases of 隶行 [clerical realignment], the original form was 詈脁. The characters in 【寒無】 are a case of 隶变 [clericalization], the original form was 𤍠𤎩 .

Clearly, clericalization in the *Peixi* consists in cases of seal forms becoming clerical forms with the exception of those cases which he refers to as "clerical abbreviation", "clerical amplification" and "clerical realignment".

In Xu Xuan's (徐铉,917~992) annotated *Shuowen jiezi* the term 隶变 [clericalization] is also used. He also uses the term 变隶 *bianli*. Below are several examples:

𨛜　　下：今隶变作邬

𠂤　　下：今隶变作丘

屍　　下：今隶变作尾

𠬞　　下：今变隶作廾

𠦍　　下：今变隶作大

亏　　下：今变隶作于

网　　下：今经典变隶作冈

彖　　下：今变隶作兂

The terms 变隶 *bianli* and 隶变 *libian* given here have the same meaning; they both refer to small seal forms becoming clerical forms. We can infer that Xu Xuan's 隶变 *libian* and 变隶 *bianli* include cases of corruption, abbreviation and general changes of form that took place in the evolution of seal script to clerical script.

Tang Xuandu, Guo Zhongshu and Xu Xuan were all famous grammatologists of the late Tang and early Song. Their views concerning clericalization have points of agreement and disagreement. Their disagreements are concentrated on their wider and narrower conceptions of the scope of clericalization.

Both the *Ciyuan* and *Zhonghua da cidian* define 隶变 *libian* as "the process whereby seal script changed to clerical script". We can say that this is a relatively authoritative definition in early modern sources. The definition, however, is rather vague. What does the term 篆法 *zhuanfa* actually mean? It is hard to say.

From this one can see that historically there has not been a consistent and clear understanding of the term 隶变 *libian*.

Ⅱ. A simple review of studies concerning clericalization

Clericalization came about very early, but it wasn't until quite late that it became a subject of scholarly study.

The first article devoted to clericalization was Yang Zhenshu's (杨振淑) 1933 article "A study of clericalization"[1] (see p. 188 ff.). The article, using a concrete description of more than 360 characters that had undergone a transformation

---

[1]　*Journal of Women's Normal College* (*Nushi Xueyuan Qikan*)1.2: 1-43, 1933.

from seal to clerical script, explains the formal changes that took place in characters undergoing clericalization. The article in the main just lists examples and proofs but does not provide a systematic theoretical discussion. Li Fengding (李凤鼎) wrote a foreword[①] to this article in which, using his own personal insights, he stressed the importance of making clear the meaning of clericalization.

Two years later Du Zhenqiu (杜镇球), using concrete examples, wrote an article "Examples of various seal forms becoming a single clerical form and examples of a single seal form becoming several different clerical characters";[②] through citing specific examples, the author demonstrates the existence of both "clerical consolidation" 隶合 *lihe* and "clerical differentiation"隶分 *lifen* and some of their traits.

After the aforementioned articles appeared, they did not immediately spur others to pursue this topic. After several decades of silence, only in the late 1950s did Jiang Shanguo (蒋善国) in his "Study of graphic form in Chinese script"[③] once again take up the topic of clericalization. In one section of his work he deduced some principles of clericalization by a

① "An account of clericalization" and "A study of clericalization" appeared together in the journal cited above(1).
② *Journal of the Archeological Society* (*Kaogushe shekan*) 2.29 - 33,1935.
③ *The Form and Structure of Chinese Characters*, pp. 175 - 291, Wenzi Gaige Chubanshe, 1959.

comparison of seal forms with Han inscriptional clerical script (*bafen*); he also explained the influence of clericalization on Chinese script.

Soon thereafter Jiang Weisong（蒋维崧）in his article "A discussion of the direction and method of the study of Chinese characters from the point of view of clericalization"[1] stressed the reason of the appearance of clericalization is important. He does not agree with the view that clericalization was merely caused by simplification. His view is that clericalization is the result of both an increase in the number of phonograms and graphic simplification.

In 1974，Professor Qiu Xigui（裘锡圭）points out in his article "A discussion of some questions of ancient clerical script in the inventory lists of the Mawangdui number one tomb"[2] that "clericalization came about as a simplification in the script of the Qin state in the Warring States period". This view sheds considerable light on the study of clericalization and served as a good beginning for a new era of research into the process of clericalization.

Wu Baitao（吴白匋）analyzed several methods for the study of clericalization in his article "Qin Han early clerical script seen in the excavated Qin bamboo strips". [3]

---

[1]   *Journal of Shandong University*（*Shandong Daxue Xuebao*）3. 1 - 20,1963.
[2]   *Archeology*（*Kaogu*）1. 46 - 55,1974.
[3]   *Wenwu* 2. 48 - 54,1987.

Professor Jiang Baochang（姜宝昌）discusses clericalization in one chapter of his "Course in grammatology". [1] The author compares seal script with Han inscriptions and some script forms found on bamboo strips and silk; with a large number of examples he examines the phenomena of clerical consolidation and clerical differentiation. From the point of view "changes manifested in structure", "changes manifested in stroke production and order", and "changes manifested in the position of graphic components", he discusses some of the principles of clericalization.

Professor Lu Xixing（陆锡兴）in the fourth part of his article "Han dynasty cursive script"[2] studies clericalization from the point of view of cursive script. He states, "clericalization is most prominently reflected in precisely the era in which the Han cursive script attains maturity; therefore, if one wishes to understand clericalization, one must study the effect of cursive script". Based on this view, the article, from the point of view of stroke form, stroke order and graphic structure, concisely explains the important effect that cursive script had on clericalization.

In addition to these there are also a few other popular,

---

[1]　*A Course in Grammatology* (*Wenzixue jiaocheng*), pp. 774 – 817, Shandong Jiaoyu Chubanshe, 1987.

[2]　*Collection of Cursive Forms from Han Dynasty Bamboo Strips and Wooden Tablets* (*Handai jiandu caozi bian*) pp. 1 – 28, Shanghai Shuhua Chubanshe, 1989.

piecemeal things that I will not discuss separately.

From these articles, we can see from the data used and from the different approaches to the topics touched on, that, to one degree or another, they have advanced the study of clericalization. In particular the studies of Jiang Shanguo, Qiu Xigui, Jiang Baochang and Lu Xixing have provided us with considerable material for reference. But we must point out that in earlier studies, both in the understanding of the true nature of clericalization and in the methods for studying it, there are some obvious shortcomings which directly influence the breadth and depth of research on this topic.

In view of this, on the basis of previous people's research, I began in 1985 to study clericalization; at that time I wrote a draft of more than 10,000 characters, but then put it aside for a period. In 1988 I decided to use it as a topic for a doctoral dissertation; in three years I produced a book manuscript. In 1993, on the basis of my dissertation, I published a monograph "A study of clericalization". Fortunately, it received favourable reviews and encouragements both in China and abroad. Here, at the request of the book's editor, I have revised several sections and present them once more in the hope that they will help the reader to understand the essentials of this period of the history of Chinese writing.

Clericalization is the most complex and difficult to

understand stage of the development of Chinese script[1] (Professor Zhang Zhenglang, 张政烺) and is also one of the most critical stages of the developmental history of Chinese writing[2] (Professor Li Xueqin, 李学勤). Professor Zhang Zhenlin (张振林) has pointed out that in the 5,000-year history of Chinese writing there have probably been three major events: the first is the creation of script and the elaboration of the "six principles" of Chinese script and the structure of Chinese characters; the second is clericalization; the third is the simplification of the script which took place from the Han and Wei dynasties down to the present time and experiments in romanizing Chinese.[3] Some notion of the importance of clericalization can be seen from this.

The present article will relate the effect of clericalization on Chinese script. For the sake of clarity I will first introduce my basic views on the topic of clericalization.

Clericalization (隶变 *libian*) refers to the change of Qin small seal script (小篆 *xiaozhuan*) to early clerical script (今隶 *jinli*; 八分 *bafen*) beginning approximatley in the middle of the Warring States period.

---

[1] Cited from a letter of recommendation for the present author written by Professor Zhang Zhenglang on April 8, 1995.

[2] Li Xueqin, *A Study of Clericalization* (*libian yanjiu*), preface. See Zhao Ping'an, *A Study of Clericalization* (*libian yanjiu*), p.2, Hebei Daxue Chubanshe, 1993.

[3] Zhang Zhenlin, *A Study of Clericalization* (*libian yanjiu*), preface. See Zhao Ping'an, ibid.

Of the characters in general use in the period of clericalization, the majority were those of the Qin state, although one can also observe among them the influence of the scripts of the Six States.

Clericalization led to many cases of clerical differentiation and consolidation, and in the process it destroyed the system and organization of the script as well as destroying the phonetic and semantic structure of the characters, leading to greater abstractness. Before clericalization the centre of a character was for the most part in the middle of the character and the appearance of the whole were more or less oval.

In the process of clericalization, owing to the use of a number of devices — straightening, deletion, joining, dismantling, curving and extension — the present stroke structure of Chinese characters began to form; this led to the abandonment of the graphic orientation away from the centrepoint toward and orientation based on a level plane and accelerated the stability and maturity of the standard script.

Although clericalization is very complicated, it obeys the following rules: the frame or outline of the original character or the position of its characteristic components are preserved; it conforms to the requirements of writing; it expresses phonetic and semantic characteristics of the characters; it attempts to create proportion and beauty.

Ⅲ. The effect of clericalization on the form and structure of Chinese characters

1. Clericalization increases abstraction in the Chinese script

The pictographic quality of oracle bone and early Western Zhou characters is highly developed; the structure of almost every graph could be analyzed and explained. Beginning in the middle of the Western Zhou, because of the effect of linearization and levelling, the pictographic quality of the script diminished, but it was still possible for the most part to analyze the graphic components. The greater seal script inherited the features of the late Western Zhou script; although the pictographic aspect was diminished further, its structure in the main remained intelligible and it was still possible to undertake graphic analysis. This was also true of the lesser seal script.

However, the situation was quite different with Chinese characters that were undergoing clericalization or for which the process was already completed. In the case of non-composite characters, after clericalization they no longer preserved their pictographic quality. There is no way a person can connect 【 女 】 with a pictograph of a woman or 【 刂 】 with the pictorial form of a knife. There were also many composite characters which could not be analyzed using the six principles of script.

The characte 【赤】 was originally composed of 【大】 and 【火】，
but in the *Xiang ma jing*，16b，it was written 【 赤 】；【莫】 was
originally composed of 【日】 and 【 艹 】，but in *Laozi*，19，it was
written 【 莫 】；in *Sunzi bingfa*，123，it is written 【 莫 】

Especially notable is the degree to which clericalizaion
undermined graphic structure. Before clericalization，the
radicals of Chinese characters were written the same no matter
where they occurred in a character，and one could see quite a
strict organization and system in the writing system. After
clericalization，this state of affairs was seriously subverted.
Sometimes the same graphic shape developed different forms；
sometimes different graphic forms became identical. These two
processes are generally called clerical differentiation and clerical
consolidation. Much classifying has been done by comparing
clerical differentiation and the seal forms of the *Shuowen
jiezi*. [1]

At different stages of the clericalization process，the
degrees of clerical differentiation and consolidation were not
always the same. Such differentiation and consolidation were
not so prevalent in the early period as they were later. One can
also observe that the kind of differentiation and consolidation

---

[1]　For example，Gu Aiji，*Notes on Clerical Script* (*li bian*)，juan 6，pp. 1 – 86，
Zhongguo Shudian，1982. See also Jiang Shanguo's *The Form and Structure of
Chinese Characters*，pp. 187 – 277，Wenzi Gaige Chubanshe，1959. Also Jiang
Baochang's *A Course in Grammatology*，Shandong Jiaoyu Chubanshe，1987.

seen in the early period was no longer to be observed in the later period. Nevertheless, clerical differentiation and consolidation undermined the organization and system of Chinese script; it undermined the original phonetic and semantic system of the script and led the script in a more abstract direction.

Because of clerical differentiation and consolidation, there was a large-scale confusion of graphic components. The sorting out and classification of components that were confused in the process of clericalization can help us understand the degree to which clericalization undermined the structural system of Chinese script, and it can also help in the task of identifying unknown characters during the period of clericalization. For this reason I give our research results below.

竹艸	亻彳	艸屮	竹𠂉	穴宀	攴夂	旡夂
亦赤	攴又	月肉	戈弋	氏民	旡冬	丰羊
查岺	示禾	田曰	片斤	吉者	乃弓	东柬
凡門	音言	攴刀	寸刀	貝鼎	刀方	瓜爪
广疒	分火	生王	貝見	羊半	心小	犬友
鱼角	兄只	辛立	日田	邑卩	刀力	田臼
大火	去言	孔月	士土	王玉	丹月	万于
巳几	爻文	元示	隸聿	美美	月目	同目
木术	小十	木士	曰日	术米	蓷萑	力几
又尹	丈又	申叟	去缶	金全	斤片	辛羊

雨庀　竟竞　月同　旨自　卯㫃　啇商　攴支

攴夂　舟片　隹隼　㣇非　牙耳　萬离　系癸

田由　大亦　乔高　熏黑　辛亲　重童　目日

寸方　耒耒　㡰㡸　易易　木大　朱未　酋酉

鬲果　豕豕　般股　匕止　面面　手于　戊戈

久欠　瓦凡　系玄　系糸　攴朵　毛手牛　吉告古

井开丹　刄刃夂　矢夫天无　戊戌戊成　奴木丌不六

2. Formation of the stroke structure of modern script in the process of clericalization

The basic stroke structure of Chinese characters was formed in the process of clericalization. In this process, owing to the use of a number of devices — straightening, deletion, joining, dismantling, curving and extension — the present stroke structure of Chinese characters began to form. The formation of the strokes of Chinese characters are different for different characters and extremely complicated. Here we will mainly explain the basic situation pertaining to four stroke types, using examples from archaeological finds: 点 *dian* [the dot], 撇 *pie* [the left-falling stroke], 捺 *na* [the right-falling stroke], and 钩 *gou* [the hook].

(The designations for types of script: 石 *shi* [Stone Classics], 碑 *bei* [inscription], 陶 *tao* [pottery script], 简 *jian* [bamboo strips], 金 *jin* [bronze script], 印 *yin* [script on seals]. For concrete examples and references, please see the appendix to the Cinese version.)

Formation of the dot.

Originally curved and short lines become dots:

川〔石〕 → 火〔碑〕

犬〔石〕 → 犬〔碑〕

州〔陶〕 → 禾〔碑〕

戈〔石〕 → 戈〔碑〕

疒〔简〕 → 疒〔碑〕

忄〔简〕 → 心〔碑〕

馬〔印〕 → 馬〔碑〕

The top of a character is dismantled and changed to a dot:

門〔陶〕 → 门〔简〕

羊〔简〕 → 羊〔碑〕

血〔石〕 → 立〔碑〕

衣〔石〕 → 衣〔碑〕

The top part of a complex character is abbreviated and made into a dot:

鹿〔简〕 → 鹿〔碑〕

A dot is added to distinguish characters with similar shapes：

王〔石〕   →   王〔陶〕玉〔碑〕

A dot is added for aesthetic reasons：

厂〔金〕   →   广〔简〕

The formation of left-falling strokes.

A line on the left side of a character is changed to a left-falling stroke：

几〔金〕   →   人〔碑〕

豕〔简〕   →   豕〔碑〕

彳〔简〕   →   彳〔简〕

皮〔简〕   →   皮〔简〕

A line is broken to form a left-falling stroke：

手〔简石陶〕   →   手〔碑〕

禾〔简石印〕   →   禾〔简〕

角〔金〕   →   角〔金〕→ 角〔碑〕

勺〔简〕   →   勺〔简〕

Lines are joined to form a left-falling stroke:

支〔简〕 → 丈〔简〕

犬〔石〕 → 犬〔简〕

The formation of right-falling strokes.

Right-falling strokes for the most part are found on the right lower or right upper part of a character and are mostly joined to left-falling strokes. For the most part these strokes are formed from changing or breaking a curved or straight line:

几〔石〕 → 人〔碑〕

衣〔石陶印〕 → 衣〔碑〕

犬〔印〕 → 犬〔简〕

与〔陶金简〕 → 与〔简〕

尺〔陶〕 → 尺〔碑〕

倉〔简〕 → 倉〔阜苍 35〕

今〔石〕 → 今〔定县 19〕

舍〔简〕 → 舍〔定县 70〕

食〔简〕 → 食〔武威・士相见 12〕

The formation of hooks.

In Chinese script hooks do not occur independently; they always occur on other strokes when they are the final flourish of the stroke; with other strokes they form vertical and horizontal hooks. In many cases they connect with the next stroke.

The end of a stroke on the top becomes a hook:

犬〔石〕 → 戈〔碑〕

鹿〔简〕 → 鹿〔碑〕

兒〔简〕 → 兒〔简〕

孚〔石〕 → 子〔碑〕

The end of a storke on the left becomes a hook:

皮〔陶〕 → 皮皮〔陶〕

芝〔简〕 → 也〔简〕

A joined stroke becomes a hook:

帝〔金〕 → 帝〔碑〕

Horizontal and vertical strokes make up a high proportion of the strokes in clerical script; they developed in many different ways. For example, curved strokes are straightened, dismantled and joined, and curved strokes become horizontal and vertical strokes, etc. As regards complex strokes like horizontal curved hooks, vertical bent hooks, they can be viewed as composite strokes. The clerical script already had all these strokes.

3. The mature development of the square appearance of Chinese characters in the process of clericalization

The stylistic difference between Chinese characters before and after clericalization is most striking; the change is manifested for the most part in two ways. Before clericalization, curved strokes predominated; horizontal and vertical lines were relatively few, especially vertical lines; the latter were used only as the middle stroke of a few individual characters and components. Secondly, the abovementioned uses of strokes determined the fact that the centre of a character was for the most part in the middle of the character. The disposition of curved strokes always has the centre as a reference point. The outline of a character's four corners and the appearance of the whole were more or less oval.

After clericalization, curved strokes were straightened, continuous lines were separated and Chinese was already basically composed of dots, horizontal and vertical lines, left-falling and right-falling strokes. A distinct characteristic of the characters of this period was that the graphic structure was no longer orientated toward the centre but had moved to a level plane; this transformation is very clear. The use of the aforementioned strokes gave most characters a more square aspect; the overall appearance of a character was also square.

Formerly, many thought that the formation of square characters (方块字 *fangkuai zi*) took place after the invention of printing, but printing is too late for this. Professor Li Pu's (李圃) view that the formation of the squareness of Chinese characters had already taken place in the oracle bone period is highly debatable. According to him. "I carried out a statistical analysis of 1, 000 commonly used oracle bone characters according to a framework of 16 graphic forms; completely square and quasi-square characters numbered 297 or 27. 5%; rectangular, quasi-rectangular and horizontal rectangular characters numbered 775 or 72. 5%. These preliminary statistics demonstrate that the upper limit of the square appearance of Chinese characters can be pushed back to the Yin Shang period after Pangeng moved to Yin". [1] In my own view, the essence of graphic squareness is not in the possibility of forcing characters into a square frame, but comes from the square and regular characteristic manifested when characters are written with dots, vertical and horizontal lines, left-falling strokes and right-falling strokes【丶】【一】【丨】【丿】【㇏】,etc.

---

[1]   Li Pu, *Readings in Oracle Bone Script* (*jiaguwen xuandu*), preface, p. 1, Huadong Shifan Daxue Chubanshe, 1981.

Ⅳ. The effect of clericalization on the relations among characters

1. The influence of clericalization on the intergraphic relationship among characters

We collected and investigated borrowed characters（通假字 *tongjia zi*）found on tens of collections of Qin and Han bamboo strips and silk documents. These data are from twelve sources: Shuihudi Qin bamboo strips, Mawangdui silk texts, Yinqueshan Han bamboo strips, bamboo strips and wooden tablets from Fenghuangshan, Wuwei Han bamboo strips, Wuwei Han medical strips, Datong Sunjiazhai Han bamboo strips, Dingxian bamboo strips, Lianyungang Huaguoshan strips and tablets, Haizhou wooden tablets, Huohe tomb wooden tablets and Yunmeng Dafentou wooden tablets. In these materials individual borrowed graphs number more than 1,000. [1]

In the oracle bones there are many borrowed characters; according to the Jilin University Study Group on the Ancient Script（吉林大学古文字研究室）the percentage of borrowed

---

[1] See my *Dictionary of Borrowed Graphs on Qin and Han Bamboo Strips and Silk Manuscripts*（*Qin Han jianbo tongjia zidian*）, to appear.

characters in the oracle bone data reaches more than 90%. [1]
Later Professor Yao Xiaosui（姚孝遂）corrected this view and
showed that the proportion is 74%. [2] But most of these are cases
of loan graphs for which no other character existed. True
borrowed graphs were actually very few. In Professor Chen
Kang's（陈抗）article "A study of loan graphs in the bronze
script", in which he collected 253 borrowed graphs in the
bronze script（exclusive of grammatical words, cyclical signs
and place words, and in which there are a few loan graphs for
which no orthograph existed）,[3]the number of borrowed graphs
is not particularly great.

Actually, in the Spring and Autumn period and earlier
there are not many true borrowed graphs. Professor Liu
Youxin's 刘又辛 claim that the earlier a text the more borrowed
graphs there are is not in accordance with the facts. [4] In my own
work on collecting and organizing, I discovered that the
increase in borrowed graphs took place in the Warring States
period and in Qin and Han. As regards the script of the Qin

---

[1]   Jilin University Study Group on the Ancient Script "The present state and future
       prospects in the study of ancient script," in *Studies in Ancient Script*（*guwenzi
       yanjiu*）1. 12 - 22, Zhonghua Shuju, 1979.
[2]   Yao Xiaosui, "The formal structure of ancient Chinese characters and their
       developmental stages,"in *Studies in Ancient Script* 4. 7 - 39, Zhonghua Shuju,1980.
[3]   Chen Kang, "A study of borrowed graphs in the bronze script", master's thesis, the
       Research Group on Ancient Script, Zhongshan University.
[4]   Liu Youxin, *Treatise on Phonological Borrowing*（*tongjia gailun*）, p. 2, Bashu
       shushe, 1988.

state, this period corresponds to when clericalization was underway.

The increase in the number of borrowed graphs in the period of clericalization is no accident. In the first place, clericalization caused the graphic form of many characters to lose their function of expressing the relation between a character's form and its graphic meaning; this led to a separation of graphic form from meaning. In choosing which character to write, scribes were often perplexed and this led to a great increase in the number of borrowed characters.

In the second place, graphic borrowing obscures the traits that link graphic form to meaning; essentially this is the same as the tendency of clericalization to obscure the expression of meaning by means of graphic form. Since graphic borrowing greatly increased under the background of clericalization, it is possible that this increase was due to the influence and challenge of clericalization.

In the third place, clericalization created many characters in which the link between form and meaning was lost, creating many problems in learning, discrimination and usage. For this reason, people began to use phonograms (形声字 xingshengzi) more; this gave rise to a great reformation of the older script forms. The increase in the use of phonograms provided the conditions for an increase of borrowed graphs.

2. The confusion of many characters similar in form

There have always been characters that are similar in form. One can cite, for example,【犬】and【豕】,【立】and【替】,【尸】and【弓】in the special structures of the oracle bone script. [1] It is easy to confuse such characters. [2] Later a similar situation was to be found in the bronze script.

In clericalization, because of the dramatic changes in graphic form, some characters similar in form were seriously confused. When adduced individually, it is sometimes impossible to determine which character is which. To differentiate such similar characters, one must carefully examine the original context and then, on the basis of one's knowledge of graphic form, minutely try to infer their identity.

For example, take the phrase 治伤寒遂风方 on the sixth bamboo strip of the *Wuwei handai yijian*;【遂】is an error for【逐】. On the sixty-eighth strip, in the phrase 逐服之,【逐】is an error for【遂】. The reason we know that【遂】and【逐】have been confused is because on explicating the original text, we discover that accepting their original meanings makes no sense; so basing ourselves on the context we establish the sentence's

---

[1]   Yao Xiaosui, "Studies in oracle bone script (*qiwen kaoshi bian zheng juli*)," in *Studies in Ancient Script* 1. 175 - 183, Zhonghua Shuju, 1979.

[2]   This can be shown by corrupted forms in graphs from the oracle bone period. See Zhang Guiguang, "Corruptions of form in the ancient script (*guwenzi zhong de xingti yanbian*)," in *Studies in Ancient Script* 15. 153 - 183, Zhonghua Shuju, 1986.

main gist and then working with clues given by the graphic form，we seek the orthograph(本字 *benzi*). This process is very similar to the process of seeking the orthographs of borrowed characters. [1]

The confusion of individual characters was very common in the period of clericalization；some cases involved common characters，but in other cases rarer characters were involved. Below we give some examples(for the material cited，see the appendix to the Chinese version)：

關<阙>〔睡编 13 壹、14 壹〕 　　　早<旱>〔睡秦 2〕

旱<皂>〔睡秦 13〕　　　　　　　壹<壺>〔睡秦 47、100〕

薑<蠠>〔睡秦 88〕　　　　　　　傅<傳>〔睡杂 8〕

中<甲>〔睡法 136〕　　　　　　夒<禦>〔马春 7〕

衔<衛>〔马春 62〕　　　　　　　寧<宰>〔马春 62〕

勒<勤>〔马春 96〕　　　　　　　代<伐>〔马春 31〕

日<甘>〔马春 80〕　　　　　　　扶<抶>〔马春 89〕

生<王>〔马春 95〕　　　　　　　笥<苟>〔马战 17〕

相<伯>〔马战 50、51、52〕　　　脊 <齊>〔马战 67〕

坚<竪>〔马战 127〕　　　　　　戎<戍>〔马战 141〕

易<昜>〔马战 142、153〕　　　式<戎>〔马战 147〕

芯<笑>〔马战 267〕　　　　　　白<日>〔马老甲 148〕

---

[1]　Cf. Huang Kan，"Shortcuts to indentifying protographs (*qiu benzi jieshu*)"，in *Miscellaneous Writings of Huang Kan*，359 - 360，Shanghai Guji Chubanshe，1980.

道＜遗＞〔马老甲 32〕　善＜若＞〔马老甲 52〕

與＜興＞〔马老甲 200、225、287〕日＜曰＞〔马老甲 37〕

谷＜合＞〔马老甲 159〕　沸＜涕＞〔马老甲 185〕

设＜诗＞〔马老甲 212〕　士＜土＞〔马老甲 314〕

哀＜充＞〔马老甲 415〕　枯＜栝＞〔马战 424〕

大＜六＞〔马老乙 27 上〕　涅＜淫＞〔马老乙 100 上、101 上〕

私＜和＞〔马老乙 103 上〕　止＜乏＞〔马老乙 105 下〕

绤＜總＞〔马老乙 124 上〕　土＜之＞〔马老乙 135 下〕

天＜大＞〔马老乙 179 下〕　卿＜卿＞〔马老乙 198 下〕

鼓＜豉＞〔武医 15〕　霾＜霽＞〔马五 21〕

尾＜戻＞〔马五 48〕　魃＜魃＞〔马阴 88〕

沽＜活＞〔马阴 88〕

Some confusion of characters pertains to certain times and places and does not present serious problems. In other cases, the degree of confusion is greater and longer-lasting; this created great problems for later textual critics and philologists.

Such an example is 【勑】 *lai* and 【敕】 *chi* . In the *Shuowen* 敕 *chi* is defined as "admonish; comprised of 攴 with 束 as phonetic."

The *Liqibei* says，韩明府名勑字叔节 [Prefect Han's name is Lai and his style Shujie]. The *Fanyang ling Yang Jun beiyin* says，故民程勑字伯严 [The style of the earlier figure Cheng Lai was Boyan]. The character 【勑】 *lai* in both cases is a person's name. In the *Shuowen*, 【勑】 *lai* is defined as "labour; comprised of 力 *li* with 来 *lai* as phonetic". The names and styles of ancient personages were semantically connected; in a majority of cases the name and style showed some correspondence. The styles of Han Lai 韩勑 and Cheng Lai 程勑 were 叔节 Shujie and 伯严 Boyan respectively. There is no connection with "labour". The 勑 *lai* here is actually an error for 敕 *chi* (also written 勅 *chi*).

In traditional texts there are examples of 勑 used for 敕 〔勅〕;for example in the following passages:

《易·噬嗑》	先王以明罚勑法
《书·皋陶谟》	勑我五典五惇哉
《益稷》	勑天之命
《康诰》	惟民其勑楙和
《多士》	勑殷命,终于帝
《诗·楚茨》	既匡既勑

In these passages every case of 勑 *lai* should be read *chi*, having the same sense as 饬 *chi* [order]. The rapid increase in graphic borrowing and the large scale confusion of individual characters in the period of clericalization cause people frequent problems and difficulties, causing readers to hesitate and slowing their reading speed.

3. Differentiation of polysemantic and graphically similar characters

Because of graphic borrowing and semantic extension, there were many polysemantic characters in early Chinese. Polysemantic characters are unavoidable in the written language, but when they exceed a certain limit, they affect the clarity of language. During the period of clericalization a number of differentiated characters were produced which served to lessen some what the contradictions of polysemantic characters and linguistic clarity. Certain graphically similar characters underwent changes in form in the process of clericalization, leading to graphic confusion. As a result many people, when writing, made alterations in certain characters that were easy to confuse, creating clearly differentiated forms in the process. For example,【玉】was differentiated from【王】by adding a dot; in order to differentiate【七】from【十】the vertical stroke of【七】was curved, and there are other such examples.

V. Clericalization lays a new foundation for the art of calligraphy

Calligraphy, the fine art of writing Chinese characters, has a long history. Some examples of oracle bone and bronze script from the Yin dynasty are exceptionally beautiful. Although we do not know the names of the people who left behind these examples of calligraphy, they were without doubt the calligraphers of their age. Generally speaking, however, during the period of the ancient script, because the basis of graphic form was pictographic, the creative production of calligraphy was held back. Precisely because of this, from the Spring and Autumn period on, scribes, through the use of added graphic elements (components unrelated to phonology and semantics), attempted to enhance the beauty of the script. According to our preliminary study, the added graphic elements of that time were 【`】,【一】,【ㄐ】,【∀】,【ρ】,【∥】,【彡】,【三】,【丨】,【ㄨ】,【丿】, 【丶】,【ㄐ】,【ㄣ】,【乞】,【ㄈ】,【米】,【二】,【月】 as well as some bird and insect forms. The script of some of the states in the Jiang Huai region were able to attain a certain degree of beauty by giving a more undulant cast to their writing. This device of altering linear strokes and beautifying the script from its graphic environment, although possibly related to certain popular cultural traits, also points up the limitations of its internal manifestation.

　　The great seal script seems not to have produced any tendency to beautify the script; the greater seal script is a typical case of "jade chopstick writing" (玉箸体 *yuzhu ti*, a sort of clerical script associated with the Qin dynasty). Its lines are of a uniform thickness and the structure of its graphic components are highly standardized. From the calligaphic style of the greater seal script, we can see that its artistic qualities are chiefly manifested in its graphic structure, but that its linear structure is rather monotonous.

Unlike the greater seal script (*dazhuan*) the Chinese script, after undergoing clericalization, provided unprecedented opportunites for Chinese calligraphic art. After clericalization the dots, horizontal and vertical linese, left and right-falling strokes and hooks became the basic units of graphic structure. These stroke elements could be written gracefully and in an infinity of different ways. Moreover, the Chinese script after clericalization abandoned rounded and curved lines and the number of strokes in each character was stabilized; the formal structure of stroke combination became much clearer. Calligraphers found it easier to create their own personal styles. Finally, the cursive script that developed in the process of clericalization in later times became the acme of calligraphic art. We can say that clericalization carried Chinese calligraphy to new heights.

Spring 2003, at Beijing Normal University

For the "Table of references and abbreviations," please see the appendix to the Chinese version.

Chinese Characters then and now

Edition Voldemeer Iurich Summer 2004

后 记

研究隶变的想法和实践始于 1985 年，那时写过万余字的初稿。此后曾一度中断，直到攻读博士学位期间，才把它确定为学位论文的选题，集中精力全面展开研究。在写作过程中，得到了张振林先生的悉心指导。张先生特别强调利用简帛文字资料，并作出若干偏旁的分析。曾宪通先生指示用隶变条例释字，陈炜湛先生指示调整篇章布局，都使笔者深受教益。论文的评审除聘请了母校几位先生外，还聘请了汕头大学梁东汉教授、武汉大学夏渌教授、中国社会科学院历史研究所李学勤研究员、北京大学裘锡圭教授、北京师范大学王宁教授。专家们对论文给予了充分的肯定，也提出了几点中肯的意见。论文的后期修改，尽量参考了这些意见。

1992 年底，笔者把学位论文修改稿连同与之有关的四篇专论都为一集，交付出版，得到了河北大学、河北大学出版社的大力支持。副校长李星文教授、社长杨延浦副教授、副总编彭黎明副编审为落实拙著出版花了不少时间和精力。

梁东汉教授、李学勤研究员、张振林教授分别为拙著撰写了

《序言》,张振林教授还为拙著题写了书名。

对于先生们的指教、关怀和帮助,笔者十分感谢。

赵平安谨记

1993 年 4 月

附记：在本书第八章中,笔者运用隶变条例对 40 多个字进行了考释。稿成之后,陆续读到刘钊先生和刘乐贤先生的文章,他们对其中藉、觚、快、决、関、霸、疛、前八字进行了正确的考释(参见《玺印文字释丛(一)》,《考古与文物》1990 年 2 期;《秦汉文字释丛》,《考古与文物》1991 年 6 期)。笔者在最后定稿时,本想将这些字删去,考虑到考释角度,运用例证与二位先生有互补之处,姑存之以为参考。谨此说明。

赵平安

1993 年 6 月

再 版 后 记

　　《隶变研究》自 1993 年出版至今,已经整整 15 年了。坊间早已无书,一些炒作者把价格炒到 10 倍以上。即便这样,仍有人发帖求购。2004 年,《隶变研究》有了英文版,但内容不全,国内读者也不易见到。在这种情况下,河北大学出版社愿意提供再版机会,这是特别值得感谢的。我还要感谢沈建华女士所给予的帮助,感谢饶公的题签。不仅为我自己,也为喜欢这本书的读者朋友们。

　　1995 年,在《隶变研究》出版两年以后,我即到中国社会科学院历史所做博士后,出站后留所任研究员。2003 年又调任北京师范大学。工作虽有变动,但一直关注读者对《隶变研究》的反映。总的说来,这本书是得到充分肯定的,不论在文字学界还是书法界,不论在国内还是国外。所以这次再版,我是抱持积极态度的。先通读一遍,纠正了初版排印中的错误,并用方头括号补充了一些内容;复请邱维伟君重新缮写了篆隶字形;还增加了"附录三"和"附录二"的五至七。

　　在修订过程中,常常勾起我对往事的回忆。1994 年,在河北省第四届社会科学优秀成果奖评审会上,与我素昧平生的漆侠教授,坚持要给该书一等奖,竟和主事者吵了起来。1995年,张政烺先生为了给我写一份推荐意见,关起门来花了整整四天时间一丝不苟通读全书。如今两位先生都已驾鹤西去,每念及此,内心充满感动。要知道,两位先生都是誉满天下的大学者,而《隶变研究》只不过是无名小卒的小书而已。

前辈学者的风范,不正是我们心中的一面镜子么?

赵平安

于清华大学 2009 年 3 月

修 订 版 后 记

2019年对《隶变研究》这本书而言，是一个值得纪念的年份。这一年正好是《隶变研究》再版10周年；这一年我应世界汉字学会的邀请，为"国际汉字冬令营"作关于"隶变研究"的演讲；这一年由韩国西江大学柳东春教授翻译的韩文版《隶变研究》出版；这一年上海古籍出版社决定接手《隶变研究》修订版的出版工作。

《隶变研究》能持续受到关注和重视，和简帛资料的不断出土，文字研究和书法爱好者不断增多的大环境分不开。我本想利用这次出版的机会，对全书作一次较大的修订，但考虑到主要只是具体材料的增加，主体认知并没有大的改变，加之最近其他科研任务很重，实在难以匀出大块时间来，于是作罢。这次修订主要做了以下三方面的工作：

一、改正了再版中的错误，完善了个别具体的表述；

二、请魏翀增加了一些直接相关、比较重要的图版；

三、请书法家张凯彬重新摹写了古文字字形。

在出版过程中，责任编辑毛承慈博士做了大量卓有成效的工作,研究生刘晓晗帮助校对把关,避免了不少疏失,在此谨表示衷心的感谢。

赵平安

2020 年 6 月 1 日